네이버 대표 크리에이터 카페
〈나는유튜버다〉 강차분PD가 알려주는

성공하는 유튜브 채널은 따로 있다

강차분PD 지음

유튜브 왕초보가 따라만 해도
구독자가 늘어난다!

한빛미디어
Hanbit Media, Inc.

지은이 **강차분PD**

네이버 대표 크리에이터 카페 〈나는유튜버다〉와 유튜브 채널 〈강차분PD〉를 운영하고 있습니다. 〈강차분PD〉 채널에서 유튜브 강좌를 업로드하다가 네이버 카페 〈나는유튜버다〉를 개설해 운영하면서 다양한 유튜버와 활발히 소통하고 있습니다. 현재 대기업 브랜드 유튜브 채널의 제작을 맡고 있습니다.

이메일 kangchaboon@gmail.com
유튜브 채널 〈강차분PD〉, https://www.youtube.com/c/tedKang
네이버 카페 〈나는유튜버다〉, https://cafe.naver.com/iamyoutuber

네이버 대표 크리에이터 카페 〈나는유튜버다〉 강차분PD가 알려주는

성공하는 유튜브 채널은 따로 있다

초판 1쇄 발행 2023년 1월 6일

지은이 강차분PD / **펴낸이** 김태헌
펴낸곳 한빛미디어(주) / **주소** 서울시 서대문구 연희로2길 62 한빛미디어(주) IT출판1부
전화 02-325-5544 / **팩스** 02-336-7124
등록 1999년 6월 24일 제25100-2017-000058호 / **ISBN** 979-11-6921-067-6 13000

총괄 배윤미 / **책임편집** 장용희 / **기획** 배윤미 / **편집** 홍현정
디자인 표지 박정우 내지 윤혜원 / **전산편집** 김보경
영업 김형진, 장경환, 조유미 / **마케팅** 박상용, 한종진, 이행은, 고광일, 성화정 / **제작** 박성우, 김정우

이 책에 대한 의견이나 오탈자 및 잘못된 내용에 대한 수정 정보는 한빛미디어(주)의 홈페이지나 아래 이메일로 알려주십시오. 잘못된 책은 구입하신 서점에서 교환해 드립니다. 책값은 뒤표지에 표시되어 있습니다.

한빛미디어 홈페이지 www.hanbit.co.kr / 이메일 ask@hanbit.co.kr

유튜브, 고민하지 말고 바로 시작하세요!

우연한 기회에 유튜브 채널을 만들어 운영하다가 많은 분을 만나게 되고 좋은 에너지를 받아 네이버 카페 〈나는유튜버다〉를 개설했습니다. 카페에서 다양한 분과 만나 정보를 나누며 서로 돕다 보니 이제는 이름만 들으면 알 수 있는 유명 유튜버로 성장한 분도 꽤 많습니다. 지금은 아득하게 유명해진 여러 유튜버의 첫 시작과 노력을 옆에서 지켜봤는데 느낀 바가 큽니다. 저 역시 PD로 일하면서 제 손으로 몇몇 연예인 채널과 대기업 유튜브 채널을 개설했고 운영도 해보았습니다. 처음부터 경쟁을 전제로 준비해서 시작하는 채널의 성장세는 일반 채널과 다르다는 것을 이제는 잘 알고 있습니다. 이런 과정에서 느끼고 배운 경험을 여러분과 나누고 싶어서 그동안의 실무 경험을 모아 책으로 출간하게 되었습니다. 유튜브 채널 개설을 고민하고 있다면 바로 시작하세요. 시작하지 않으면 아무것도 변하지 않습니다.

이 책을 집필할 수 있게 도와준 네이버 카페 〈나는유튜버다〉, 카카오톡 오픈채팅 〈나는유튜버다〉 회원님들에게 감사드립니다.

강차분PD

▶ 추천사

잘나가는 유튜버가 적극적으로 추천하는 책!

지윤 : 이 책을 추천하는 이유! 촬영할 때 집중 안 하고
이 책에만 집중한 듯!

진세 : 책 쓸 때 집중 안 하고 촬영에만 집중한 듯!

@shortboxofficial, 〈숏박스〉

유튜브를 제일 잘 아는 사람이 만든 망망대해의 등대 같은 책.

@PaniBottle, 〈빠니보틀 Pani Bottle〉

채널 개설 초창기에 많은 도움을 받은 네이버 카페 〈나는유튜버다〉를 만든 강차분PD님의 책을 추천합니다. 유튜브를 처음 시작하는 초보자와 성장이 막힌 유튜버가 무엇을 해야 할지 알려주는 책입니다.

@babgubnam, 〈산적TV 밥굽남〉

강차분PD의 기획 능력은 뛰어나다. 단조로울 수 있는 콘텐츠에 새로운 캐릭터와 화면 구성을 접목해 영상에 활력을 불어넣는 능력을 갖췄다.

@fitvely, 〈핏블리 FITVELY〉

냉철한 판단 능력과 탁월한 안목을 지닌 강차분PD! 책에는 그의 능력이 담겨 있습니다. 함께 하시죠, 여러분!

@user-xh8ub6ep3c, 〈일권아놀자〉

강차분PD는 유튜브의 맥락을 정확히 아는 사람이다! 4년 전 한 유튜브 영상을 보고 마법같이 빨려들었다. 말레이시아에 이민을 간 강차분PD의 사연은 세탁소를 하며 평범한 삶으로 하루하루를 살던 내 가슴에 불을 지폈고, 나도 유튜브를 시작하게 되었다. 그는 일반인이 유튜브 채널을 어떻게 기획하고 빌드업해야 하는지 정확히 아는 사람이다. 지금도 가끔 채널 성장이 더디고 고민될 때 그의 영상을 돌려보며 초심을 찾는다. 이 책은 유튜브를 처음 시작하는 독자에게 유튜브 기획이란 무엇인지 속 시원하게 방향을 제시해줄 것이다.

@setaksul, 〈세탁설 setaksul〉

처음 유튜브를 시작할 때 강차분PD에게 참 많은 도움을 받았습니다. 아무것도 모르던 저에게 많은 조언을 아끼지 않은 강차분PD에게 이 글을 빌려 감사한 마음을 전합니다. 이 책을 통해 더 많은 분이 도움을 받으면 좋겠습니다.

@yoonsem, 〈윤샘의 마이펫상담소-Pet Clinic〉

▶ 추천사

4년 전 시중에 나온 책과 인터넷의 '카더라' 정보만을 토대로 막막하게 유튜브를 시작했던 때, 우연찮은 계기로 강차분PD를 뵙게 되었습니다. 강차분PD는 그저 불안하고 막막했던 유튜버가 유일하게 믿고 의지할 수 있는 분이었습니다. 강차분PD가 집필한 이 책을 강력히 추천합니다.

@kimduckbae, 〈김덕배 이야기〉

이 책은 제가 유튜브를 시작하며 막막할 때 가장 도움을 많이 받은 유튜버가 집필했습니다. 초보 유튜버라면 반드시 읽어야 할 필독서입니다.

@hongills, 〈냉철tv〉

강차분PD와 유튜브 촬영을 했다. 날 풀어둔다. 잘하게 풀어둔다. 잘할 수밖에 없다. 이런 사람이 만든 책, 분명 예사롭지 않다.

마인드C(네이버웹툰 작가), 〈월유메리미〉(네이버웹툰)

유튜브 꿈나무에게 쑥쑥 자랄 수 있는 자양분을 주셔서 감사합니다. 하나하나가 너무 유익하고 도움이 되어 계속 보게 되네요. 꿀팁 알려주셔서 감사합니다. 책 보고 열심히 공부해볼게요!

권진영(개그우먼),
@Jinyoungohseobangtv, 〈진영이네 어서오서방〉

유튜브의 세계로 이끌어준 강차분PD는 주변 사람에게 에너지를 불어넣어주는 특별한 능력을 갖췄다. 그가 있어 새로운 도전을 할 수 있었다.

@kimsajang, 〈김사장〉

강차분PD의 직설적이면서도 현실적인 조언 덕분에 평범한 택배아저씨도 유튜브를 도전하고, 엄연한 유튜버로 활동할 수 있게 되었습니다. 이미 유튜브가 레드오션이라고 하던 시기에 시작했지만 빠르게 목표를 달성하고 많은 것을 얻은 택배아저씨 '택아'처럼 이 책을 접한 모든 분에게 강차분PD의 도움말이 좋은 길라잡이가 되면 좋겠습니다.

@taek-a2240, 〈택배아저씨Taek-A〉

모두가 유튜버가 될 수 있는 시대입니다. 그런데 빠르게 성장하는 유튜버는 그리 많지 않습니다. 왜 그럴까요? 무작정 시작하는 것과 제대로 된 기획을 하고 시작하는 것이 하늘과 땅 차이이기 때문입니다. 오랜 시간 다양한 컨설팅 경험을 통해 유튜브 전문가로 활동하는 강차분PD의 콘텐츠 성공 비법이 궁금하다면 이 책을 보기 바랍니다.

@saehaekim, 〈김새해 SaehaeKim〉

제가 유튜브를 시작하기 전에 이 책을 읽었다면 더욱 좋았을 것 같습니다. 모두가 하고 싶은 유튜브, 시작하고 싶다면 이 책을 먼저 읽어보세요.

@kkang_raider, 〈깡레이더〉

▶ 이 책의 구성

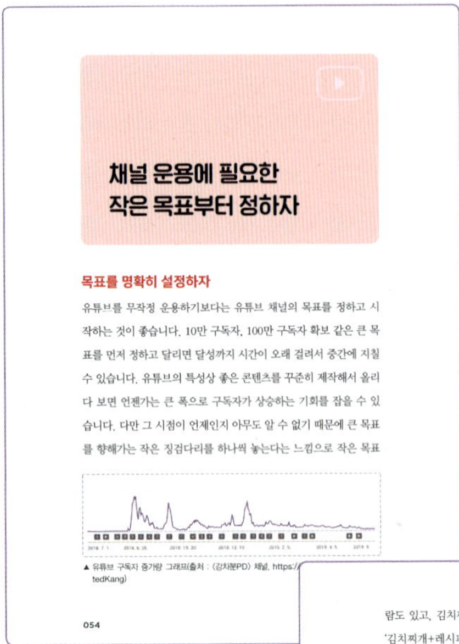
채널 운용에 필요한
작은 목표부터 정하자

목표를 명확히 설정하자

유튜브를 무작정 운용하기보다는 유튜브 채널의 목표를 정하고 시작하는 것이 좋습니다. 10만 구독자, 100만 구독자 확보 같은 큰 목표를 먼저 정하고 달리면 달성까지 시간이 오래 걸려서 중간에 지칠 수 있습니다. 유튜브의 특성상 좋은 콘텐츠를 꾸준히 제작해서 올리다 보면 언젠가는 큰 폭으로 구독자가 상승하는 기회를 잡을 수 있습니다. 다만 그 시점이 언제인지 아무도 알 수 없기 때문에 큰 목표를 향해가는 작은 징검다리를 하나씩 놓는다는 느낌으로 작은 목표

▲ 유튜브 구독자 증가량 그래프(출처 : 〈강차분PD〉 채널, https://

tedKang)

054

따라만 해도 구독자가 늘어나는 유튜브 채널 성공 전략

유튜브 채널을 제대로 기획하는 방법과 전략적으로 영상을 촬영하고 채널을 운영하는 방법을 하나하나 상세하게 알려줍니다.

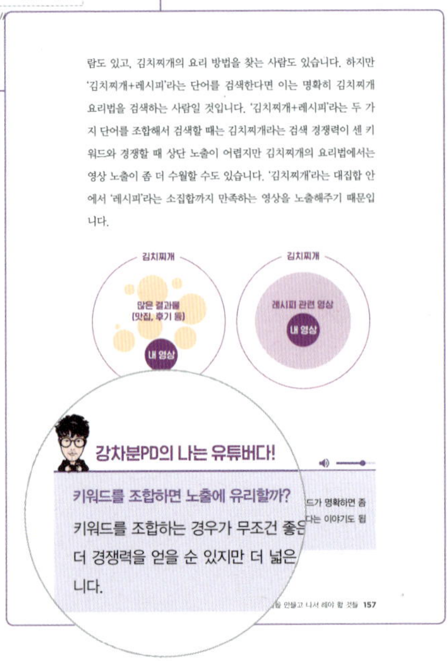
람도 있고, 김치찌개의 요리 방법을 찾는 사람도 있습니다. 하지만 '김치찌개+레시피'라는 단어를 검색한다면 이는 명확히 김치찌개 요리법을 검색하는 사람일 것입니다. '김치찌개+레시피'라는 두 가지 단어를 조합해서 검색할 때는 김치찌개라는 검색 경쟁력이 센 키워드와 경쟁할 때 상단 노출이 어렵지만 김치찌개의 요리법에서는 영상 노출이 좀 더 수월할 수도 있습니다. '김치찌개'라는 대집합 안에서 '레시피'라는 소집합까지 만족하는 영상을 노출해주기 때문입니다.

강차분PD의 나는 유튜버다!

키워드를 조합하면 노출에 유리할까?

키워드를 조합하는 경우가 무조건 좋은 ... 더 경쟁력을 얻을 순 있지만 더 넓은 ... 니다.

157

강차분PD의 나는 유튜버다!

네이버 대표 크리에이터 카페 〈나는유튜버다〉 운영자로 활동 중인 저자가 그동안 차곡차곡 모아온 유튜브 채널 운영 노하우를 아낌없이 공유합니다.

읽으면서 익히는

핵심 콕콕 용어 TIP

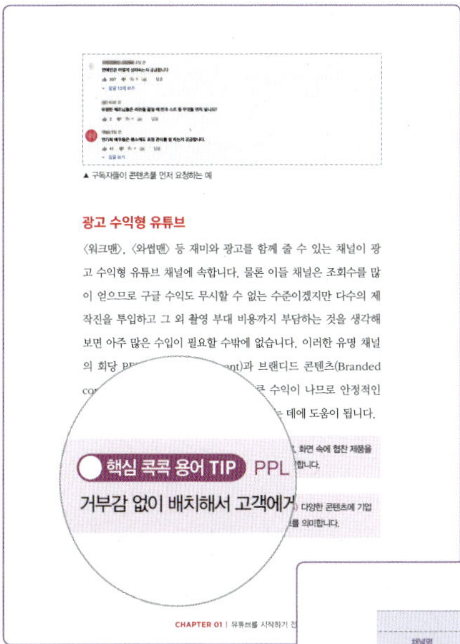

유튜브를 운영할 때 알아두면 좋은 정보와 생소한 용어를 모아 쉽게 이해할 수 있도록 설명합니다.

쓰면서 익히는

유튜브 채널 기획&운영

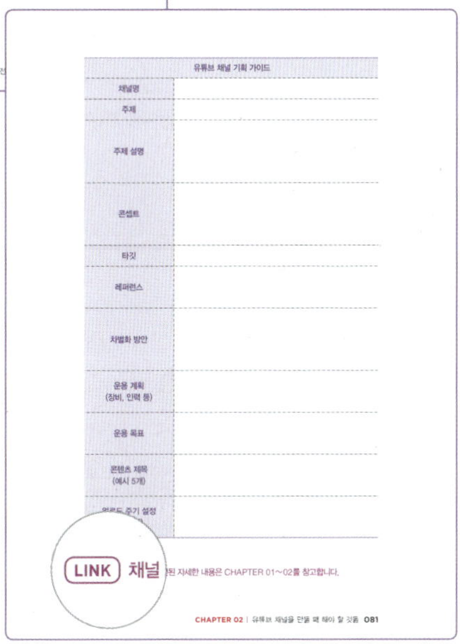

책을 읽고 저자의 가이드대로 표를 채우면서 유튜브 채널 기획과 운영에 필요한 정보를 정리할 수 있습니다. 더 생각해봐야 할 부분은 LINK로 표시하여 관련 내용을 쉽게 이해할 수 있습니다.

▶ 유튜브 채널 성공을 위한 로드맵 따라가기

1 유튜브를 시작하기 전에 고려해야 할 것들

유튜브를 하려는 이유

나는 왜 유튜브를 하려고 할까? **P.028**

채널 운용에 필요한 작은 목표부터 정하자 **P.054**

3 유튜브 채널을 만들고 나서 해야 할 것들

유튜브 알고리즘 이해하기

유튜브 알고리즘으로 영상이 노출되는 방법을 이해하자 **P.140**

시청자가 만족할 만한 첫 영상으로 노출 범위를 확대하자 **P.150**

추천 영상이 되는 원리 이해하기 **P.163**

알고리즘처럼 생각하고 노출하자 **P.195**

유튜브 영상 만들기

첫 영상을 업로드하기 전에 세이브 영상을 확보하자 **P.145**

내 영상이 노출되는 연령대와 성별을 공략하자 **P.183**

길고 재미있는 영상이 유리하다 **P.198**

매력적인 유튜버되기

영상에서 내 활동명을 자주 언급하라 **P.189**

영상만큼 좋은 목소리가 중요하다 **P.191**

나를 어필하자 **P.193**

준비된 자만이 기회를 잡는다 **P.200**

채널 포지션 맵 그리기

내 채널의 포지션을 정하고
포지션 맵 그리기 **P.044**

자신의 장점을 최대한 드러내라 **P.064**

2 유튜브 채널을 만들 때 해야 할 것들

유튜브 채널 기획

같은 카테고리의 톱 채널을 분석하라 **P.088**

나만의 유일한 채널명 만들기 **P.115**

클릭을 부르는 섬네일&깔끔한 채널아트 만들기
P.118, P.121

채널 경쟁력 키우기

유튜브 영상 촬영 장비 갖추기 **P.094**

편집으로 영상을 더 재미있게
만들자 **P.127**

영상에 자막을 넣어야 하는
이유 **P.132**

4 유튜브를 더 잘하기 위해 알아야 할 것들

잘나가는 유튜브 채널 노하우

유튜브 스튜디오 화면 구성과 분석 방법
알아보기 **P.216**

결국은 콘텐츠다 **P.237**

최소의 시간을 투입해서 최고의 결과를
만들어내는 방법 **P.286**

유튜브, 정말 돈이 될까? **P.288**

▶ 목차

▶ 목차

▶ 목차

▶ 목차

CHAPTER 04 유튜브를 더 잘하기 위해 알아야 할 것들

▶ 목차

CHAPTER 01

유튜브를 시작하기 전에 고려해야 할 것들

유튜브를 시작할 때는 구글 계정을 만들고 간단한 과정을 거치면 금세 채널을 만들 수 있습니다. 채널 만들기는 간단하지만 특별한 목적 없이 다른 사람을 따라서 유튜브를 시작했다면 이렇다 할 성과 없이 금방 포기하기 마련입니다. 유튜브를 시작하기 전에 채널 개설 목적이 무엇인지, 유튜브 영상으로 수익은 어떻게 나는지, 목표는 어떻게 정해야 하는지 등을 알아보겠습니다.

나는 왜 유튜브를 하려고 할까?

유튜브를 시작하기 전에 가장 오랜 시간을 투자해야 하는 부분은 내가 왜 유튜브를 하려고 하는지를 생각해보는 것입니다. 예전에는 누군가 유튜브를 하겠다고 하면 무조건 바로 영상을 찍고 시작하라고 조언했지만 요즘에는 조금 달라졌습니다. 방송국이나 대기업의 거대 자본이 투입된 유튜브 채널이 늘어났고 연예인들의 유튜브 진출이 활발해졌습니다. 아무 계획 없이 막연히 시작하고 나서 채널을 어떻게 키울 것인지, 어떤 콘텐츠를 채울 것인지 고민하는 것은 적절하지 않습니다. 충분한 고민을 거친 후에 원하는 방향을 설정하고 유튜브를 시작하는 것이 나중에 닥칠 고민의 크기와 시간을 줄일 수 있습니다.

필자는 문제의 해결이 필요할 때는 어떻게(How)를 고민하고, 새로운 무언가를 시작할 때는 왜(Why)를 고민합니다.

'유튜브를 어떻게(How) 할까?'를 고민하기보다 '나는 왜(Why) 유튜브를 하려고 할까?'를 먼저 고민하라는 뜻입니다. 어딘가를 가기 위해 길을 나설 때 목적지도 정하지 않은 채 무엇을 타고 갈지를 고민하는 사람은 없습니다. 목적지가 설정되어야 어떻게 갈 것인지를 고민할 수 있는 것처럼 유튜브를 하려는 목적을 먼저 고민하는 것이 중요합니다.

예비 유튜버에게 유튜브를 시작하려는 이유를 물어보면 '지금은 유튜브가 대세니까', '남들도 하니까', '내 친구도 하니까'처럼 막연한 대답을 듣게 되는 경우가 많습니다. 유튜브를 하려는 이유가 명확하지 않다면 이어지는 내용을 읽고 스스로의 목적을 파악해보세요. 나의 목적을 정확히 파악하게 될 것입니다.

유튜브, 돈을 목적으로 할 때와 그렇지 않을 때

유튜브를 하고자 하는 이유는 크게 두 가지로 나눠볼 수 있습니다. 돈을 목적으로 할 때와 그렇지 않을 때입니다.

유튜브를 하는 이유가 돈이 아닌 경우는 많지 않은데, 소소한 일상 기록용 브이로그나 포트폴리오 아카이빙, 아이 성장 앨범, 단순 링크용 채널 등의 목적도 있습니다. 물론 수익을 목적으로 하지 않으면서 유튜브 채널을 시작했다가 채널 운영이 잘되어서 수익형 유튜브로 전환하는 경우도 있습니다. 앞서 열거한 내용이 아니더라도 돈이 아닌 이유로 유튜브를 시작하려고 한다면 이 책은 참고용 정도로 활용하세요. 하지만 수익을 목적으로 유튜브를 시작하려고 한다면 유튜브를 하기 전에 이번 CHAPTER를 주의 깊게 읽고 준비해야 합니다.

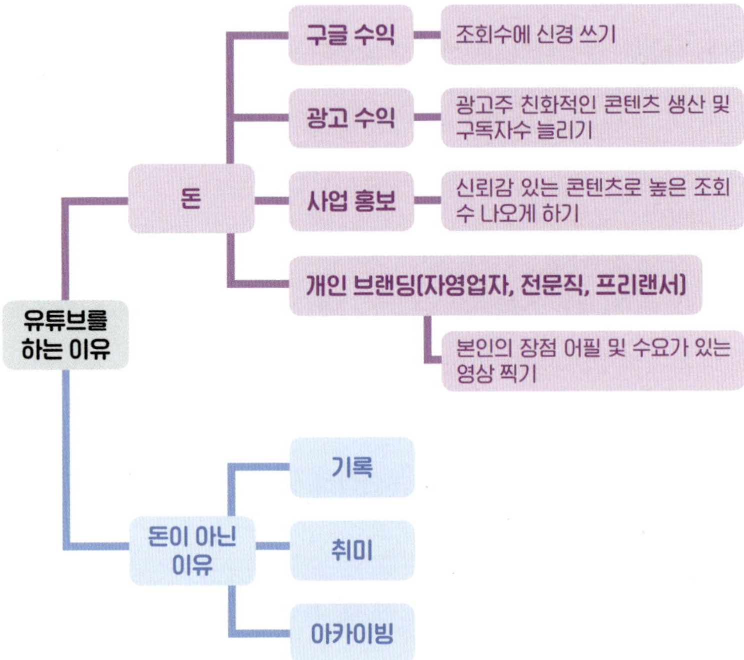

▲ 유튜브를 하는 이유

돈이 목적이라면 더 철저히 기획하자

유튜브는 처음부터 끝까지 모두 '기획'이라고 해도 과언이 아닙니다. 현직 유튜브 기획자로 일하면서 지켜본 바에 의하면 촬영 기법이나 편집 기술 등은 상향 평준화되어서 차별화하기 어렵지만 '무릎을 탁!' 칠 정도로 기발한 아이디어나 주제가 있으면 다른 채널과 차별화된 경쟁력을 갖출 수 있습니다. 이러한 영상은 어김없이 시청자에게 추천 영상으로 나타납니다. 유튜브를 보고 있는 나에게 영상이 노출되었다는 것은 누군가가 이미 시도한 콘텐츠이며, 그 채널은 이미 차별화된 기획에 성공했다는 이야기입니다.

반대로 별다른 기획 없이 과거에 우연히 업로드한 영상이 유튜브 알고리즘에 의해 많이 노출되면서 유튜버의 길로 들어선 사람도 있습니다. 이들 대부분은 기획해서 채널을 만들지 않았기 때문에 결국 콘텐츠의 지속성을 이어가지 못하고 좋은 성적을 내지 못합니다. 아무 생각 없이 만든 콘텐츠로 채운 유튜브 채널은 우연히 조회수가 높은 콘텐츠를 뽑아낼 수는 있어도 결국 일관성 없는 콘셉트에 피로해진 구독자의 이탈을 막을 수 없고, 종국에는 채널 성공이라는 목적을 이루지 못합니다.

구글 수익형 유튜브

이제 수익을 낼 수 있는 유튜브 형태에 대해서 알아보겠습니다. 유튜브로 돈을 벌고자 할 때 가장 쉽게 떠올릴 수 있는 방법이 구글의 유튜브 광고 수익입니다. 엄청난 조회수로 인해 억대 연봉을 받는 유튜버를 다루는 신문 기사나 자극적으로 본인의 유튜브 수익을 공개하는 유튜버의 영상을 보면 조회수가 높은 영상은 큰 수익을 가져다 준다는 사실을 알 수 있습니다.

콘텐츠의 콘셉트를 잘 기획해야 한다

유튜브에서 구글 수익을 내기 위해서는 조회수가 많이 나와야 합니다. 콘텐츠로 승부해서 구글 수익을 얻고자 하는 채널이라면 좋은 콘텐츠는 필수이고, 좋은 콘텐츠를 꾸준히 지속할 수 있는 콘셉트 기획이 무엇보다 중요합니다. 현재 시점에서 고민해봤거나 기획 중인 기발한 콘텐츠는 이미 다른 유튜버가 하고 있고, 확고한 입지를 굳힌 채널의 콘텐츠일 가능성이 큽니다. 물론 자신이 있다면 같은 콘텐츠로 채널 운영에 도전할 수도 있습니다. 다만 다른 채널의 콘텐츠와 어떻게 차별화할 것인지는 미리 고민을 해봐야 합니다.

기존 채널 기획과 차별화된 기획의 예를 들어보겠습니다. 먹방 유튜브가 한창 유행할 무렵, 유명 유튜버들이 먹방으로 인기를 끌고 있을 때 후발주자들이 시도한 차별화 방법은 다음과 같습니다.

남들과는 다른 마이크 음질

처음에는 먹방 유튜버도 일반적인 무선 마이크나 유선 마이크를 사용했습니다. 이후 고성능 마이크 사용으로 먹는 소리를 생생하게 전달하는 먹방 유튜버가 등장하면서 '먹방=생생한 사운드'라는 새로운 공식이 생겨났습니다.

엄청난 크기의 음식

일반적인 크기의 음식으로는 시청자의 관심을 끌 수 없다고 판단한 몇몇 유튜버는 일반적인 음식을 거대한 사이즈로 제작해서 먹방을 진행했고, 많은 구독자를 얻을 수 있었습니다.

야외 등 먹는 장소 변경

실내에서만 먹방을 하던 시절에 야외나 산속에서 먹방을 하는 유튜버도 생겨났습니다. 이들의 성공 이후에는 캠핑 등의 콘셉트를 접목하여 먹방을 하는 경우도 많아졌습니다.

살펴본 것과 같이 먹방이라는 한 카테고리 내에서도 약간의 변화를 줌으로써 차별화에 성공하고 자신만의 입지를 굳힌 유튜버가 많이 있습니다.

꾸준히 생산할 수 있는 콘텐츠를 기획해야 한다

구글 수익을 노리는 조회수 치중형 유튜버를 꿈꾼다면 꾸준한 콘텐츠 생산도 고민해봐야 합니다. 이제 막 유튜브를 시작하려고 준비하는 시기에는 '내 콘텐츠는 끝이 없다, 아주 많다'라고 생각할 수 있지만 생각보다 콘텐츠 고갈은 더 쉽게 옵니다. 영원히 생산되는 콘텐츠란 없으며, 대부분의 전업 유튜버는 콘텐츠 부족이라는 고민에 시달립니다.

상대적으로 주제의 수급이 쉬운 유튜브 카테고리에는 이슈, 경제, 영화나 제품 리뷰 등이 있는데, 콘텐츠의 주제가 내 기획보다는 외부에서 수급되는 유형입니다. 다만 이러한 콘텐츠는 제품 출시, 사회적 이슈, 영화 개봉 등 외부에서 이슈가 발생했을 때 발 빠르게 콘텐츠를 찍어 올려야 하므로 빠른 대응이 필요하고, 전문성 또한 요구됩니다. 전문적이지 못할 경우 구독자의 신뢰도 하락과 부정적 댓글에 시달리기도 합니다. 이외에도 유행하는 이슈만을 모아 개인적 견해 없이 편집만 하여 발행하는 채널도 있습니다.

반면에 콘텐츠 수급이 어려운 유튜브 카테고리에는 스스로 기획해야만 영상을 만들 수 있는 대부분의 채널이 포함됩니다. 스토리가 있는 영상, 스케치 코미디 영상 등이 그 예입니다. 이러한 콘텐츠는 아이디어가 떠오를 때는 무한정 찍어낼 수 있을 것 같지만 어느 순간부터 '뭘 찍어야 하나'라는 고민에 빠지게 됩니다. 생각보다 창작의 고통이 크기 때문에 유튜브 시작 전에 이 콘텐츠로 계속 유튜브 활동을 이어갈 수 있을지 충분히 고민해보는 것이 좋습니다.

기획 콘텐츠형 유튜브 채널은 기발한 기획 콘텐츠로 한두 번은 '떡상', 즉 폭발적인 조회수를 얻는 유튜브의 추천을 맛볼 수 있겠지만 꾸준히 콘텐츠를 생산하지 못하면 구독자는 너무나 쉽게 해당 채널을 외면해버립니다. 유튜브는 항상 구독자가 좋아할 만한 콘텐츠를 구독자에게 제시합니다. 내 채널보다 더 기발하고 재미있는 채널이 나타난다면 당연히 내 콘텐츠의 경쟁력은 수그러들게 될 것입니다.

콘텐츠 수급의 선순환 구조를 만들어야 한다

채널을 운영할 때는 어떻게 콘텐츠를 수급할 수 있을지 끊임없이 고민하고, 내가 아닌 다른 사람을 통해 콘텐츠를 수급할 수 있는 선순환 구조를 만들면 가장 좋습니다. 예를 들어 한 유튜브 채널은 거리에 노래방 기계를 설치해두었는데, 미리 섭외된 출연자나 행인들이 출연해 노래를 부르면서 끊임없이 콘텐츠를 제공해줍니다. 시청자들의 궁금증을 해결해주는 한 채널은 구독자가 궁금한 점을 계속 댓글로 물어보면서 콘텐츠 소재를 제공해줍니다.

구글 수익에만 기대는 유튜브 채널이라면 콘텐츠를 끊임없이 생산할 수 있는 방법을 꼭 찾아야 합니다.

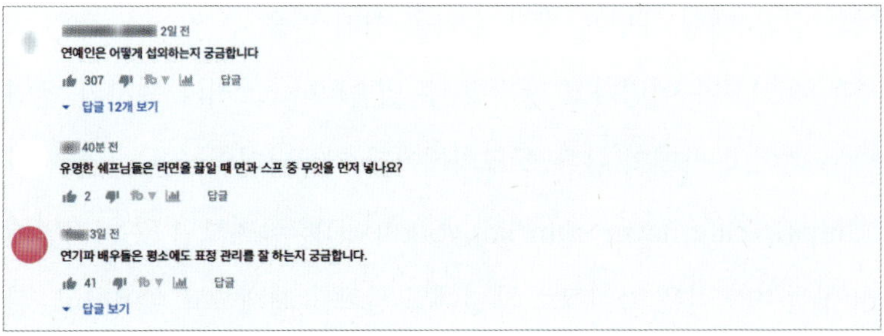

▲ 구독자들이 콘텐츠를 먼저 요청하는 예

광고 수익형 유튜브

〈워크맨〉, 〈와썹맨〉 등 재미와 광고를 함께 줄 수 있는 채널이 광고 수익형 유튜브 채널에 속합니다. 물론 이들 채널은 조회수를 많이 얻으므로 구글 수익도 무시할 수 없는 수준이겠지만 다수의 제작진을 투입하고 그 외 촬영 부대 비용까지 부담하는 것을 생각해 보면 아주 많은 수입이 필요할 수밖에 없습니다. 이러한 유명 채널의 회당 PPL(Product Placement)과 브랜디드 콘텐츠(Branded contents)는 일반인이 상상하기 힘든 큰 수익이 나므로 안정적인 제작비 충당 및 더욱 질 좋은 콘텐츠를 만드는 데에 도움이 됩니다.

핵심 콕콕 용어 TIP PPL Product Placement의 약자로, 화면 속에 협찬 제품을 거부감 없이 배치해서 고객에게 노출하는 등의 간접 광고를 의미합니다.

핵심 콕콕 용어 TIP 브랜디드 콘텐츠(Branded contents) 다양한 콘텐츠에 기업이 원하는 광고 소재 혹은 브랜드 메시지를 녹여 발행하는 광고를 의미합니다.

이와 같은 대형 채널은 광고 수익을 쉽게 얻을 수 있어도 작은 채널은 수익화가 어렵다고 생각할 수 있습니다. 그러나 필자가 운영하는 네이버 카페의 유튜브 크리에이터 커뮤니티인 〈나는유튜버다〉(https://cafe.naver.com/iamyoutuber)를 살펴보면 많은 기업에서 구독자가 적은 마이크로 채널에도 광고를 게재하고 싶어하고, 실제 카페에서도 구독자가 많지 않은 유튜버에게 광고주를 소개해줍니다. 다수의 기업이 큰 채널이 아닌 마이크로 채널을 찾는 이유는 여러 가지가 있지만 큰 채널의 광고 비용이 부담되는 경우, 바이럴(입소문)이 필요한 경우, 사전의 시장 반응 조사가 필요한 경우 등을 들 수 있습니다. 따라서 채널의 콘셉트만 잘 잡는다면 구독자가 적더라도 광고형 유튜버가 될 수 있습니다.

특정 카테고리의 유튜브 채널은 기업의 광고를 받기 어려운데, 유튜브로 광고 수익을 얻고자 한다면 광고주 친화적인 채널의 콘셉트로 시작하는 것이 가장 좋습니다. 특정 카테고리를 제외해야 한다는 점은 광고 수익형 유튜브 채널과 구글 수익형 유튜브 채널의 결정적인 차이입니다. 예를 들어 정치 이야기만 다루는 채널이나 네거티브한 이슈를 다루는 채널, 특정한 사건을 소개하는 채널 등은 채널의 특성상 광고주가 기피하거나 광고주가 원하는 콘셉트의 광고를 제작하기 어려운 점이 있습니다. 따라서 유튜브 채널을 기획하는 시점에서 내가 기획한 채널의 콘셉트가 광고를 수주할 수 있을 만한 채널인지, 아닌지를 미리 가늠해보아야 합니다. 물론 광고 수익만으로 유튜브 채널을 운영하는 것은 아니지만 수익형 유튜브 채널을 운영하고 싶다면 광고는 고려하지 않을 수 없는 요소입니다. 따라서 유튜브를 시작할 때 채널의 성격을 미리 정해두어야 합니다.

리뷰 채널

광고를 받기 좋은 채널 중 하나는 리뷰 채널입니다. 꼭 제품(Product)을 리뷰해야만 하는 것이 아니라 식당, 화장품, 영화, 서비스 등 다양한 소재를 리뷰하면서 채널을 운영하기도 하므로, 이와 관련된 업체라면 해당 채널에 광고를 게재하길 바랄 것입니다. 예를 들어 고기를 파는 식당만을 리뷰하는 어떤 채널은 모든 정육식당의 점주들이 채널에 광고하고 싶어합니다. 구독자가 많지 않더라도 명확히 나의 고객에게 타깃팅이 된, 즉 고기를 좋아하는 사람들이 모인 채널에 광고를 싣고 싶기 때문입니다. 이 채널은 식당 광고를 하더라도 업체가 원하는 대로 전부 리뷰하는 것이 아니라 유튜버 본인이 느끼고 판단한 솔직한 감상을 리뷰한다고 합니다. 채널의 신뢰도나 콘텐츠에 거부감이 들지 않도록 광고를 게재하려면 채널 개설 전 채널 기획이 반드시 필요합니다.

강차분PD의 나는 유튜버다!

전문성을 가진 채널을 만들자

전문성을 가진 채널은 광고 단가도 높습니다. 만약 내가 어떤 분야의 전문가라면 그 분야를 전문적으로 리뷰하고, 전문가가 아니라면 내가 좋아하는 한 분야를 집중적으로 공략하는 것이 좋습니다.

브이로그 채널

또 다른 광고주 친화적 채널에는 브이로그 채널이 있습니다. 브이로그 채널은 구독자를 모으기 어렵지만 다양한 광고를 받을 수 있다는 장점이 있습니다. 식당, 제품, 서비스 등의 업종에서 다양한 광고를 게재할 수 있으며 브이로그 구독자의 특성상 충성도가 높기 때문에 구매 전환률도 높게 나타납니다. 브이로그 채널은 이후 설명할 개인 브랜딩형 채널에 가깝지만 구독자가 늘어난다면 유튜브에 게재되는 모든 광고를 소화할 수 있습니다.

LINK 개인 브랜딩형 채널과 관련된 자세한 내용은 040쪽을 참고합니다.

사업 홍보형 유튜브

사업가나 기업에서 원하는 채널의 형태지만 생각보다 채널의 구독자를 모으기 쉽지 않고 조회수가 많이 나오기도 어려운 형태의 유튜브 채널입니다. 수많은 대기업에서 유튜브 채널을 운영하고 있습니다. 필자도 대기업의 유튜브 채널을 제작, 관리하는 것을 직업으로 삼고 있지만, 보통 대기업은 사업의 홍보와 매출 증대를 목적으로 유튜브를 한다기보다 기업의 이미지를 좋게 유지하거나 어떤 이슈의 홍보, 아카이빙 등의 목적을 가지고 유튜브 채널을 운영합니다. 조회수가 많이 나오거나 구독자를 많이 모으면 좋겠지만 그것보다는 기업이 전하고자 하는 메시지를 일관적으로 전달하거나 홍보하는 것을 목적으로 합니다. 많은 제작비를 투입해서 콘텐츠를 제작하지만 영상을 통해 얻고자 하는 것이 구글 광고 수익은 아니므로 대기업의 유튜브 채널은 이 분류에서 제외하겠습니다.

소규모의 사업을 운영하거나 개인사업자, 프리랜서는 사업을 직접 홍보하기 위해 유튜브 채널을 운영합니다. 하지만 실제로 개설해보면 생각보다 구독자도 늘지 않고 조회수도 잘 나오지 않아서 금세 좌절하는 모습을 볼 수 있습니다. 대부분의 사람들은 노골적인 홍보 영상에 거부감을 가지며, 홍보형의 콘텐츠가 재미있기도 어려운 것이 현실입니다. 하지만 일정 수준의 구독자와 조회수를 달성했을 때는 사업상 시너지가 여태껏 운영해온 블로그나 인스타그램 등의 효과와는 비교되지 않을 정도로 좋습니다. 특정 정보는 이미 유튜브에서 검색하는 것이 블로그나 인스타그램에서 검색하는 것보다 훨씬 더 일반화되어 있고, 영상의 특성상 시청자가 더 쉽게 신뢰감을 갖기 때문입니다. 블로그나 인스타그램을 오랜 시간 운영했어도 인플루언서로 스타 대열에 들어서거나 사업적으로 대박이 나는 경우는 유튜브 쪽이 더 많은 것을 볼 수 있습니다.

그렇다면 사업 홍보형 유튜브를 잘 운영하기 위해 생각해야 할 것은 무엇일까요? 첫 번째로 사업과 관련된 정보나 재미를 제공하는 것입니다. 내 채널의 기대 시청자가 원하는 영상을 제공하는 것입니다. 콘텐츠를 시청하는 시간도 자원이기 때문에 시청자가 시간을 들여서 영상을 시청한다면 그에 상응하는 재미나 정보를 줄 수 있어야 합니다. 예를 들어 헤어 디자이너가 유튜브를 운영한다고 했을 때 남자 머리 스타일링 방법, 머리 예쁘게 묶는 법 등을 제공하면 시청자는 정보를 얻기 위해 채널을 방문하게 되고 구독자와 조회수 증가로 이어질 수 있습니다. 또는 헤어 디자이너만 겪을 수 있는 에피소드나 상황 등을 재미있는 콘텐츠로 풀어내는 것도 시청자의 흥미를 유발하는 방법입니다.

두 번째는 검색의 최적화를 이루는 것입니다. 검색을 통해 유입되는 수요가 매출과 비례하는 경우도 있습니다. 전원주택을 짓는 영상이나 당구 테이블을 설치하는 영상을 제작하는 채널은 조회수나 구독자는 비록 적을지라도, 정확한 목적을 가진 고객이 해당 키워드로 검색했을 때 영상이 노출된다면 영상을 시청한 고객에게 많은 의뢰를 받을 수 있을 것입니다.

한 채널은 전원주택 제작 과정을 영상으로 올리면서 우측 상단에 본인의 블로그 링크를 게재한 후 블로그 유입으로 전원주택 제작 의뢰를 받고 있습니다. 이 경우 채널의 영상에 본인 사업장의 장점을 어필해서 신뢰감을 매출로 연결하는 패턴을 보입니다.

사업 홍보형 유튜브는 정보성 영상 또는 재미있는 영상에 본인 사업의 장점을 꾸준히 어필할 수 있다면 어느 순간부터 효과를 얻기 시작하는 채널입니다.

개인 브랜딩형 유튜브

누구나 하나쯤은 잘하는 것이 있기 마련입니다. 남들과 달리 특출난 재주를 갖고 있다면 이를 활용해서 유튜브 채널을 개설하는 것이 가장 좋습니다. 이러한 채널 운영 형태는 '모두 하는 일이 다르고, 특기가 다르며, 서로는 서로를 궁금해한다'라는 관점에서 시작할 수 있습니다. 예를 들어 남자는 여자의 일상이 궁금할 수 있고, 여자는 남자의 일상이 궁금할 수 있습니다. 누군가는 택배기사의 일상이 궁금할 것이고, 누군가는 유튜브 편집자의 삶이 궁금할 수 있습니다. 따라서 누구나 전문 지식이 없어도 채널을 운영할 수 있습니다. 심지어 사업을 하다가 망해서 '망했다'는 주제로 유튜브 채널을 운영할 수 있습니다. 누군가는 흥미로, 누군가는 궁금증으로, 누군가는 동질감으로 채널을 시청할 것입니다.

앞서 설명한 채널의 특성과 결정적으로 다른 점은 채널의 주체가 '내'가 되어야 한다는 점입니다. 내 채널이 성장함과 동시에 나의 인지도와 영향력이 올라가므로 이에 따른 부가적인 수익을 창출할 수 있습니다. 정보성 콘텐츠로 채널을 운영한다면 강연을 할 수도 있고, 인지도를 이용한 새로운 사업을 시작할 수도 있습니다. 필자처럼 책을 출판할 수도 있고, 다른 기업의 스카우트 제의를 받을 수도 있습니다. 전문직 종사자라면 일을 의뢰받을 수 있을 것이고, 특기가 있다면 작업을 의뢰받을 수도 있습니다.

개인 브랜딩형 채널은 유튜브를 시작할 때 가장 쉽게 접근할 수 있는 형태지만, 남과 다른 강점을 명확하게 내세울 수 있는 게 무엇인지 고민해보고 시작해야 합니다. 세상에서 가장 무서운 사람은 나의 장점을 잘 알고, 그것을 무기로 사용할 수 있는 사람입니다. 나의 장점은 외모가 될 수도 있고, 수려한 말솜씨가 될 수도 있고, 활발한 성격이 될 수도 있습니다. 겸손이 미덕인 시대는 지났습니다. 현재는 퍼스널 브랜딩 시대이기 때문에 적극적으로 나를 알리고 나의 강점을 활용해야 합니다. 눈치만 보고 나의 강점을 활용하지 못한다면 유튜브뿐만 아니라 어느 곳에서도 남들보다 유리한 고지를 차지하기 어려울 것입니다. 나의 외모가 좋다면 더욱더 외모를 강조하는 브이로그나 뷰티 콘텐츠를 제작하고, 목소리가 좋다면 ASMR을, 직업이나 학벌이 좋다면 그것을 활용할 수 있는 정보 제공형 콘텐츠를 제작하는 것이 영리한 채널 운영 방법입니다.

강차분PD의 나는 유튜버다!

자신의 장점을 찾아 채널의 소재로 사용하자!

필자의 차분한 성격이 유튜브에 적합하지 않다고 생각했던 적이 있습니다. 하지만 차분한 말투로 시작한 유튜브 채널을 많은 구독자가 좋아해주었습니다. 운영하던 채널명이 강차분PD가 아니었던 시절에는 너무 차분한 목소리가 별로 좋지 않다는 댓글을 받은 적이 있는데, 그때 자극을 받아 채널명을 강차분PD로 변경했습니다. 그러자 차분하게 이야기를 잘한다는 칭찬 댓글이 달리기 시작했습니다. 이렇듯 자신의 장점과 단점을 잘 인지한 후 단점은 장점으로 승화할 방법을 찾고, 강점은 더욱 부각할 방법을 생각해보면 좋습니다. 지금부터 진지하게 자신이 무엇을 잘하는지, 어떤 점을 매력으로 어필할 수 있는지를 고민해보세요. 누구나 한두 개쯤은 답이 나오기 마련입니다. 자신의 장점을 나열해보고 어떤 채널을 운영하면 좋을지 고민해보길 바랍니다.

유튜브 채널 시작 전 정확한 운영 목적 설정하기

이제까지 유튜브 채널을 시작하기 전에 어떤 목적을 갖고 채널 운영 방향을 설정해야 할지 알아봤습니다. 구체적인 설명을 위해 채널 운영 목적을 구분해두었지만 결국 유명해져서 잘되면 돈은 자연히 따라오는 부분입니다. 이를테면 개인 브랜딩으로 시작했지만 유튜브 채널이 성공해서 사업을 확장하거나 채널이 잘되어서 구글 수익이 늘어나고 광고도 많이 하게 되는 경우가 있을 것입니다. 반대로 구글 수익을 노리고 채널을 운영했지만 결과적으로 채널이 아주 잘되어서 개인 브랜딩이 함께 되는 경우도 있을 것입니다. 채널이 잘 운영되면 어떤 목적으로 시작했는지는 중요하지 않을 수도 있습니다. 그러나 처음 유튜브 채널을 시작할 때는 원하는 목적과 방향을 분명하게 해두어야만 운영 중 닥치게 되는 여러 가지 어려움과 혼란 속에서도 목적한 바를 이룰 수 있습니다.

내 채널의 포지션을 정하고 포지션 맵 그리기

대략적인 채널 기획을 끝냈다면 주제에 따른 내 채널의 포지션 맵을 그려봅니다. 이 과정은 채널의 주제가 어떤 위치에 놓이게 될 것이며 중장기적으로 어떤 작전을 세워서 채널을 운영해야 할지 미리 가늠해보는 단계입니다.

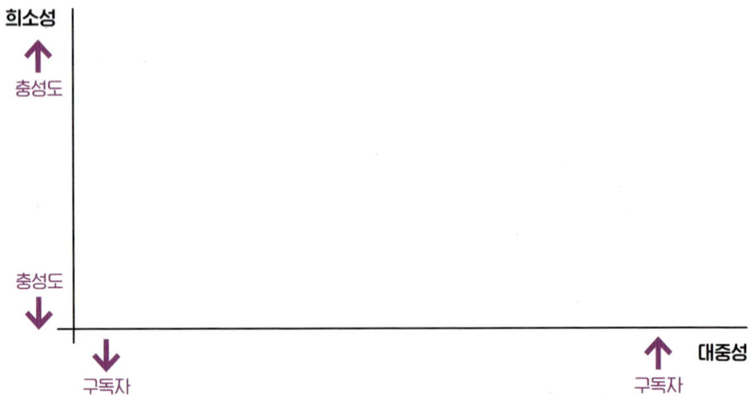

▲ 채널의 포지션 맵

'채널의 포지션 맵'에서 해당하는 주제의 위치에 따라서 위로 갈수록 희소성이 높은 채널이고, 오른쪽으로 갈수록 대중성이 높은 채널입니다. 내 채널의 대중성이 높을수록 구독자를 모을 수 있는 가능성이 커서 구독자가 많은 유튜버가 될 수 있는 확률도 높아집니다. 대중성이 낮을수록 구독자를 모을 수 있는 가능성은 작아집니다. 또한 희소성이 높을수록 구독자의 충성도가 올라가서 초반 성장에 유리하고, 희소성이 낮을수록 구독자의 충성도는 낮고 경쟁 또한 심해져서 초반 성장이 더딥니다. 이제 같은 맵에 먹방 채널을 대입해보겠습니다.

▲ 먹방 채널의 포지션 맵

먹방 채널은 시청자가 많고 대중성이 높습니다. 당연히 먹방을 하는 유튜버도 많고, 새로 시작한다면 쟁쟁한 유튜버들과 경쟁해야 합니다. 경쟁자가 많은 만큼 성공하기는 더 어려울 수도 있습니다. 따라서 먹방 채널을 운영하려면 단단히 준비하고 시작해야 기존 유튜버들과 경쟁할 수 있습니다. 먹방 주제는 맵에서 ❶번에 위치합니다.

대중성이 높고 희소성은 약간 낮습니다. 이런 채널은 진입 장벽이 전문적인 채널보다 상대적으로 낮아 많은 사람이 도전할 수 있지만 경쟁이 심하고 초반에는 구독자를 모으기 어려울 수 있습니다. 하지만 대중적으로 인기를 끌게 된다면 많은 구독자를 모을 수 있는 채널입니다. 이런 대중성이 높고 희소성이 낮은 유형의 채널을 시작할 때는 차별화 방법이나 콘셉트를 더욱더 예리하게 기획해야 합니다. 예를 들어 색다른 콘셉트를 추가하거나 특이한 음식을 먹어서 희소성을 올리고, 색다른 촬영 장소 등을 고민하면서 채널의 경쟁력을 키울 수 있습니다. 다른 주제를 예를 들어보겠습니다.

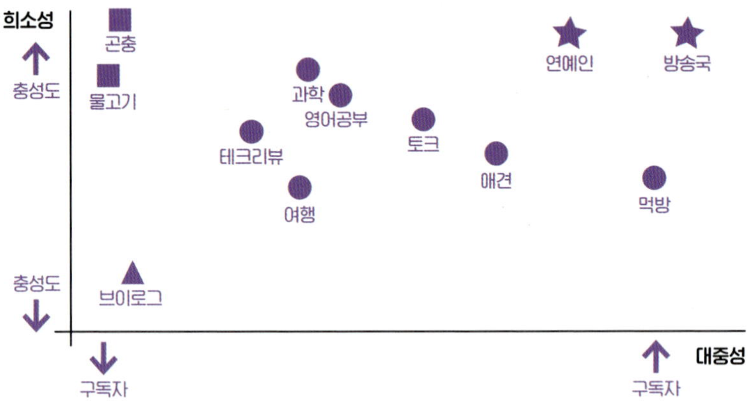

▲ 채널 주제에 따른 포지션 맵

'채널 주제에 따른 포지션 맵'을 살펴보면 곤충과 물고기를 다루는 채널은 전문성이 필요하다 보니 상대적으로 희소성이 큽니다. 따라서 곤충과 물고기에 관심이 있는 시청자는 한 번 구독하면 충성도가 높은 구독자가 됩니다. 이런 채널은 초반 구독자 확보에 유리한 편이지만, 반대로 대중성이 낮기 때문에 최종 기대 구독자가 대중적인 채널보다는 낮습니다. 희소성 있는 카테고리 내 톱클래스 유튜버가 운영하는 채널과 대중성 있는 채널을 비교해보면 상대적으로 구독자가 적은 것을 알 수 있습니다. 하지만 나만 할 수 있는 희소성이 있는 채널은 그만큼 경쟁력이 커서 자리를 잡은 후에는 굳건한 위치를 지킬 수 있고, 더불어 해당 분야의 전문가라는 이미지도 가질 수 있습니다.

이러한 방식으로 하고 싶은 채널의 주제를 맵에 그려봅니다. 물론 주제가 어디에 위치할 것인지는 사람마다 생각이 다를 수 있고, 이 위치 또한 항상 고정적인 것은 아닙니다. 예로 든 곤충, 물고기 등의 희소성 있는 주제도 유명해지고 인기가 늘다 보면 대중성이 커져서 구독자가 늘어나는 경우도 있습니다. 이렇듯 희소성이 높고 대중성이 낮은 채널은 대중성이 있는 주제의 비중을 높이거나 대중성을 키울 방법을 생각해봐야 합니다. 자신이 다루는 주제와 대중이 좋아하는 주제를 섞어서 조금씩 대중성을 높여보고 대중이 좋아하는 편집과 톤앤매너를 계속해서 찾아보며 채널을 운영하는 것이 좋습니다. 자신의 재능이나 지식이 풍부하다면 대중성이 높은 주제로 채널을 시작하는 것도 좋지만 재능이 부족하다면 희소성이 높은 채널로 시작하는 것도 좋습니다.

내 채널의 상태를 파악하여 희소성이 높은 채널이라면 대중성을 올릴 방법을 찾고, 대중성이 높은 채널이라면 희소성을 높일 방법을 생각해야 합니다.

예를 들어 브이로그 채널이라면 희소성과 대중성이 모두 낮기 때문에 둘 다 높일 방법을 생각해야 합니다. 이를테면 특별한 일상이나 농촌, 외국 등과 같은 색다른 생활 환경으로 희소성을 높이고 많은 사람이 궁금해할 만한 주제를 찾아 대중성을 높이는 것입니다.

자신의 채널에 부족한 것이 무엇인지 생각해보고 희소성과 대중성 중 부족한 부분을 높일 방법을 고민하면서 채널의 장기적인 방향과 목표를 설정해보세요.

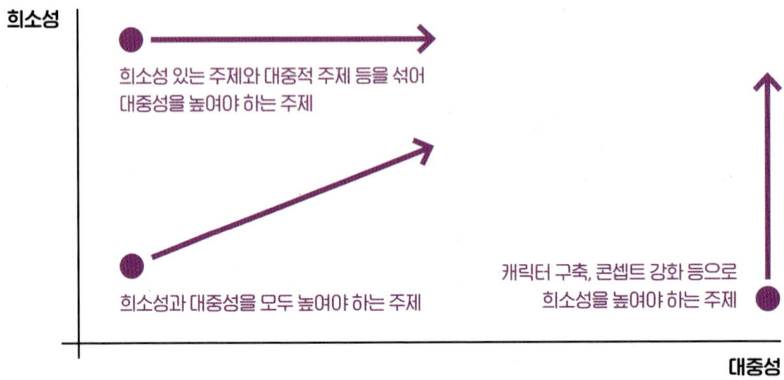

▲ 채널의 포지션에 따른 전략

고갈되지 않는 주제를 찾는 법

유튜브 채널을 만들고 운영하다 보면 영상의 주제가 고갈되어 채널 운영에 어려움을 겪는 경우를 쉽게 볼 수 있습니다. 규모가 제법 큰 채널도 마찬가지로 운영 시간이 오래되면 오래될수록 주제 부족으로 많은 어려움을 겪습니다. 채널을 처음 만들 때는 영상 주제가 고갈될 것이란 생각을 거의 하지 못합니다. 채널을 처음 시작하는 유튜버라면 모두 할 이야기가 많다고 자신 있게 이야기하지만 무한하게 지속되는 주제는 없습니다. 이를테면 직업에 대한 내용을 영상으로 올린다고 치면 처음 한두 개 콘텐츠는 말할 내용도 많고 재미있는 콘텐츠가 나올 가능성이 크지만 그 주제가 10개, 50개, 100개가 되기는 어렵습니다. 어떤 이슈를 잡아 초반에 구독자를 모으거나 유명인을 저격해 관심을 끄는 경우도 있지만 해당 이슈가 사라지면 이후 진행할 콘텐츠가 없어서 고민하기도 합니다. 예를 들어 남을 저격하는 영상만 올리던 유튜버가 갑자기 다른 콘셉트의 영상을 올린다고 해서 조회수가 잘 나올 리 없습니다. 예전 저격 영상을 보고 구독한 구독자들이 다른 영상을 봐주지 않기 때문입니다. 결국 누군가를 저격하는 콘텐츠를 계속 만들거나 채널의 주제를 쉽게 바꾸지 못하고 유튜브를 그만두는 경우도 생기게 됩니다.

유튜브 채널을 운영할 때는 항상 주제를 찾는 방법을 알고 있어야 합니다. 또 주제가 끊이지 않도록 하는 방법을 고민해야 합니다. 이슈, 영화 리뷰 등 주제가 외부에서 수급되는 타입의 채널은 상대적으로 주제 수급이 쉬운 편이지만 다른 채널은 그렇지 않은 경우가 더 많기 때문입니다. 지금부터 유튜브 영상 주제를 찾는 방법을 알아보겠습니다.

구독자로부터 주제를 찾자

첫째, 구독자로부터 주제를 수급하는 방법입니다. 주로 취재, 탐사, 인터뷰, 실험 등의 콘텐츠에 해당하는데, 처음 채널의 붐 업까지는 스스로 주제를 찾아 진행하다가 이후부터는 구독자들의 댓글을 유도해서 다음 주제를 수급하는 형태입니다. 이런 형태는 가장 이상적으로 콘텐츠를 수급할 수 있는 방법입니다. 영상의 중간중간 '여러분의 궁금증은 무엇이냐', '다음에 어떤 콘텐츠를 해주길 바라느냐'를 물어봅니다. 실제 구독자의 요청에 의한 콘텐츠를 제작할 때는 '어떤 구독자님의 요청에 의한 콘텐츠를 만들어봤다'라고 영상 초반에 미리 말해줌으로써 다른 구독자도 바라는 콘텐츠가 있다면 댓글을 달도록 유도할 수 있습니다. 구독자와 활발한 소통을 한다는 점에서 구독자의 만족도도 늘고 채널의 주제도 찾을 수 있어 일석이조입니다.

주제의 가지를 치자

둘째, 주제의 가지치기 방법입니다. 한 가지 주제가 생각났을 때 거기서 확장해 다른 주제를 여러 개 뽑아내는 것입니다. 주로 한 주제가 좋은 반응을 얻었을 때 사용할 수 있는 방법입니다. 예를 들어 유정란을 부화기에 넣어 병아리가 태어나는 콘텐츠를 기획해서 좋은 반응을 얻었다면 여기에 가지를 쳐서 메추리알을 부화시켜보는 콘텐츠를 기획할 수도 있고, 태어난 병아리들을 잘 키우는 콘텐츠를 제작해볼 수도 있습니다. 좋은 반응을 얻은 콘텐츠를 가지치기해서 다른 주제를 뽑아내는 것입니다. 여러 가지 콘텐츠를 시도해보고 다른 주제가 반응이 좋으면 거기에서 또 가지치기를 해서 콘텐츠를 꾸준히 만들어내는 방법입니다.

모방을 통해 주제를 수급하자

셋째, 모방을 통한 주제 수급입니다. 모방은 창조의 어머니라고 했습니다. 유튜브에는 현재 유행하는 콘텐츠가 있기 마련인데 이를 나만의 스타일로 재해석하면 주제를 수급해낼 수 있습니다. 예를 들어 '던질까 말까'라는 춤이 한참 유행하던 시절, 누군가 던질까 말까 1시간 챌린지를 했다면 나는 10시간을 해본다든지, 던질까 말까 연주를 한다든지 등으로 콘텐츠를 확장해서 모방을 통한 새로운 콘텐츠를 창조할 수 있습니다. 다른 유튜버는 어떤 주제를 통해 콘텐츠를 만들어냈는지 살펴보고 나도 그런 주제를 할 수 있는지 가늠해본 후 재해석한 주제를 만들어봅니다. 또한 거기에서 그치지 않고 주제의 가지치기 방법을 이용해서 주제를 확장한 후 또 다른 주제를 만들어내는 것입니다.

아이디어 메모장을 활용하자

넷째, 아이디어 메모장을 활용하는 방법입니다. 문득 좋은 생각이 떠오르면 스마트폰 등을 이용해서 주제를 적어둡니다. 좋은 아이디어는 항상 번뜩하고 떠오르기 때문에 그때그때 메모를 해두는 것이 중요합니다. 그리고 나서 시간이 날 때 메모한 내용을 유튜브에 찾아보고 내가 메모한 콘텐츠를 누군가 이미 실행했는지, 또 성공했는지 실패했는지 살펴봅니다. 성공했다면 왜 성공했고, 실패했다면 왜 실패했는지도 분석해봅니다. 그리고 그 아이디어를 다시 가지치기하다 보면 다양한 주제를 찾을 수 있습니다.

이로써 주제를 수급하는 방법에 대해 알아보았습니다. 네 가지 방법 외에 더 많은 방법이 있을 수 있고, 이러한 모든 방법을 통합해서 주제를 찾아보는 것도 좋습니다. 이외에도 괜찮은 댓글이나 다른 크리에이터의 좋은 콘텐츠를 발견한다면 메모하는 방법을 사용해봅시다. 그러다 보면 남들보다는 조금 더 수월하게 주제를 수급할 수 있을 것입니다.

강차분PD의 나는 유튜버다!

주제를 뽑아내는 연습

임의의 주제 하나로 여러 주제를 지어내는 연습을 해봅니다. 예를 들어 주제가 '일회용품'이라면 다음과 같이 확장해볼 수 있습니다.

- 일회용품 없이 1주일 살아보기
- 일회용품이 지구에 미치는 영향 조사하기
- 일회용품 재활용만 모아서 1만 원 벌어보기

같은 주제라도 채널 성향에 맞는 수많은 주제를 뽑아낼 수 있을 것입니다.

채널 운용에 필요한 작은 목표부터 정하자

목표를 구체적으로 설정하자

유튜브를 무작정 운용하기보다는 유튜브 채널의 목표를 정하고 시작하는 것이 좋습니다. 처음부터 10만 구독자, 100만 구독자 확보 같은 큰 목표를 정하고 달리면 달성까지 시간이 오래 걸려서 중간에 지칠 수 있습니다. 유튜브의 특성상 좋은 콘텐츠를 꾸준히 제작해서 올리다 보면 언젠가는 큰 폭으로 구독자가 상승하는 기회를 잡을 수 있습니다. 다만 그 시점이 언제인지 아무도 알 수 없기 때문에 큰 목표를 향해가는 작은 징검다리를 하나씩 놓는다는 느낌으로 작은 목

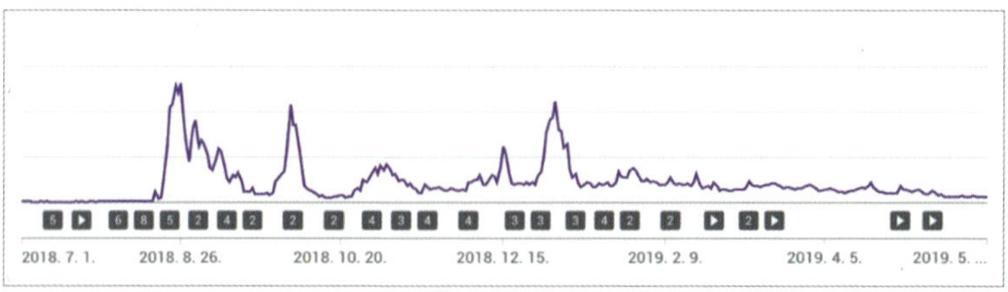

▲ 유튜브 구독자 증가량 그래프(출처 : 〈강차분PD〉 채널, https://www.youtube.com/c/tedKang)

표를 먼저 정하고 눈앞의 목표 달성을 위해 노력합니다. 그러고 나서 다음 목표, 또 다음 목표를 향해 정진하는 것이 바람직합니다.

작은 목표는 구체적으로 정하는 것이 좋습니다. 예를 들어 처음 채널을 개설한 후 첫 목표로 '영상 10개 업로드하고 구독자 20명 모으기'와 같은 목표를 설정해보는 것입니다. 영상 10개를 최선을 다해 만든 후 구독자 20명을 모을 수 있는지 살펴봅니다. 만약 목표를 달성하지 못했다면 이번에는 영상 10개를 더 올려서 총 영상 20개를 업로드하고 구독자 20명을 모으는 것으로 목표를 수정합니다. 구독자 20명을 달성했다면 계속 다음 목표를 만들어갑니다.

만약 다음 목표를 구독자 40명으로 잡았다면 처음 20명을 모으는 시간보다 더 빨리 달성이 되었는지, 더 적은 개수의 영상으로 달성되었는지를 비교해봅니다. 이렇게 정리하다 보면 구독자의 증가 속도를 기간이나 업로드한 영상 개수와 비교할 수 있습니다. 이전보다 더 빠르게 구독자가 모인다면 잘하고 있다는 증거입니다.

어느 정도 시간이 지나면 영상을 업로드할 때마다 구독자가 늘어나는 시기가 오게 됩니다. 예를 들어 영상 한 개를 업로드할 때마다 평균 두 명의 구독자가 증가하는 것입니다. 내 채널의 영상과 콘셉트가 어느 정도 일관성을 찾았다고 봐도 되는 시기입니다. 이때부터는 구독자가 확 늘어나지 않아 조바심이 날 수도 있지만 유튜브의 구독자 증가는 시간에 따라 꾸준히 증가하거나 비례하는 그래프가 아니므로 걱정할 필요는 없습니다. 어느 순간 폭발적으로 상승하는 그래프의 모양새를 가져오게 되므로 꾸준히 영상을 업로드하는 것이 무엇보다 중요합니다.

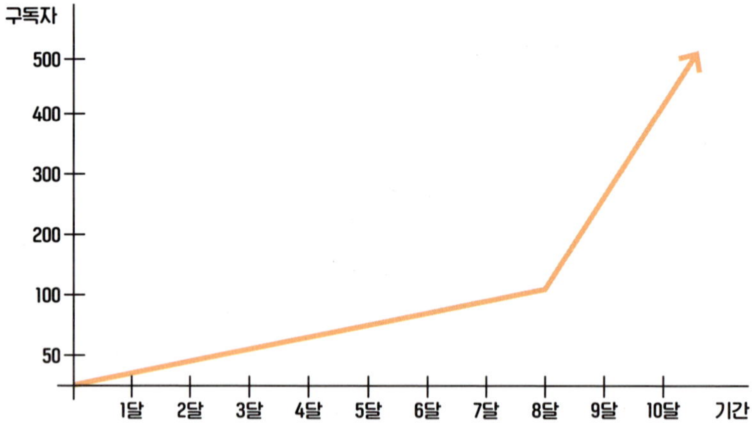

▲ 잘 운용되는 유튜브 채널의 구독자 상승 그래프

목표 달성에 필요한 기간을 명확히 설정하자

> 채널 운용의 목표를 정할 때는 기간도 같이 정하는 것이 좋습니다. '영상 10개를 업로드하는 데 두 달'과 같이 명확히 해두는 것입니다.

예를 들어 '영상 10개를 두 달 동안 업로드하고 구독자 100명을 모으겠다'라는 목표를 세웠다면 두 달이 지난 후 얼마나 영상을 꾸준히 업로드하여 목표를 달성했는지, 구독자는 얼마나 증가했는지 분석해봅니다. 만약 목표를 달성하지 못했다면 어떤 이유로 달성하지 못했는지 생각해보고 다시 목표를 수정해야 합니다. 이외에도 채널 운용에 필요한 작고 소소한 목표를 많이 세울수록 성취감을 크게 얻을 수 있고 채널 운용의 원동력도 얻을 수 있습니다. 작은 목표라도 좋습니다. 댓글 한 개 받기, 댓글 10개 받기 등의 목표도 좋고 유명 크리에이터의 편집 기술을 따라 하기, 한 대 이상의 카메라로 촬영해보기 등 작은 목표부터 세워서 하나씩 이루어가다 보면 어느새 나와 내 채널이 부쩍 성장해 있을 것입니다.

나만의 라이벌 채널을 정하자

채널의 콘셉트와 방향을 정한 후 유튜브를 찾아보면 비슷한 콘텐츠를 많이 볼 수 있습니다. 나보다 먼저 업로드한 채널 중에는 큰 채널도 있고, 이제 갓 시작한 채널도 있을 것입니다. 그중 나와 방향이 잘 맞고 콘셉트가 비슷한 채널을 나만의 라이벌로 정해봅니다. 이때 내 채널과 조건이 비슷한 채널을 라이벌로 선정하면 더 좋습니다.

라이벌 채널을 선정하는 방법

성별과 연령대가 비슷한 유튜버를 선정합니다. 조건이 비슷해야 효과적으로 라이벌 채널을 분석할 수 있습니다. 예를 들어 내 채널의 주제가 '자전거 타기'이고 내가 30대 평범한 직장인 남자라면 자전거 타기 채널 중 30대 평범한 남자가 운영하는 채널을 분석해보는 것입니다. 그 채널이 잘 운영되고 있다면 과연 나와 다른 매력은 무엇인지, 이 채널은 유튜버의 외모, 말투, 콘텐츠 내용, 편집 등 어떤 부분이 시청자에게 어필되었는지를 분석해서 이 채널보다 더 잘할 수 있는지를 가늠해봅니다.

만약 잘 운영되지 않는 채널이라면 시청자가 외면하는 이유는 무엇인지, 혹은 해당 카테고리에 시청자가 관심이 없는지 등을 분석해서 이 채널과 다른 전략을 세워볼 수 있습니다. 라이벌 채널의 좋은 점은 벤치마킹하고 아쉽게 느껴지는 부분은 좀 더 보완해서 내 채널에 적용할 수 있도록 준비합니다. 다른 채널을 혼자만의 라이벌로 선정하고 경쟁에서 이기기 위한 여러 가지 전략을 세워보는 것입니다. '저 유튜버는 저런 콘텐츠를 만드는구나, 말은 이렇게 하고 촬영은 이렇게 하겠구나', '이런 주제를 다루는구나' 등을 분석하면서 라이벌 채널보다 더 잘할 수 있는 전략을 세워봅니다.

라이벌 채널을 거울삼아 자신감을 얻자

나만의 라이벌을 만들었을 때 긍정적인 부분은 또 있습니다. 바로 자신감입니다. 필자도 유튜브를 시작하기 전에 '나 같은 아저씨도 유튜브를 할까?', '내가 남들 앞에서 이야기를 잘할 수 있을까?'와 같은 고민을 하던 시절이 있었습니다. 어느 채널인지 밝힐 수 없지만 이런저런 유튜브를 찾아보다가 필자보다 나이가 많지만 활발히 유튜브 활동을 한 유튜버를 보고 존경스러운 마음이 들고 더불어 '나도 할 수 있겠구나' 하는 생각을 한 적이 있습니다. 유튜브 시작을 머뭇거리는 사람들이 필자를 찾아오면 우스갯소리로 '나 같은 아저씨도 하는데 할 수 있다'고 말해주기도 합니다. 실제로도 필자의 채널을 보고 '저 사람도 하는데'라며 유튜브를 시작한 사람을 만난 적도 있습니다.

채널 운영을 시작할 때는 이런저런 비슷한 채널을 찾아보면서 다른 채널은 어떻게 운영하는지, 나는 어떤 점을 배워야 이길 수 있는지, 또 비슷하게 할 수 있는지, 내 채널보다 나은 점은 무엇인지 등을 끊임없이 생각하고 내 채널에 접목하기 위해 노력해야 합니다. 그러다 보면 내 채널도 더 발전할 수 있습니다. 채널이 성장할 때마다 또 다른 라이벌을 찾고 더 높은 목표를 설정하면서 채널 발전을 위한 착한 라이벌을 찾아봅시다.

유니크한 채널 콘셉트가 중요한 이유

유튜브 채널을 운영할 때는 콘셉트가 정해지면 좋습니다. 잘 잡힌 콘셉트 하나가 채널 운영을 제대로 도와주기 때문입니다. 여기서 말하는 콘셉트는 본인의 캐릭터가 될 수도 있고, 어떤 장소나 상황이 될 수도 있습니다.

콘셉트에 따라 캐릭터와 주제 설정하기

의상

〈산적TV 밥굽남〉이라는 채널을 보면 유튜버가 산적 같은 의상을 입고 산속에서 먹방을 진행합니다. 남과 차별화하고 확실한 각인 효과를 얻기 위해 산적 콘셉트를 선정했을 것입니다. 이러한 채널 콘셉트는 시청자들의 큰 호응을 얻었고, 콘셉트를 적용한 여러 가지 먹방을 진행하고 있습니다. 예를 들어 똑같은 통삼겹살 먹방이라도 야외에서 화덕에 구운 통삼겹살을 먹는다는 것이 차별화된 콘셉트를 적용한 결과입니다. 콘셉트가 달라지므로 인해서 시청자들은 흔한 음식인 삼겹살 먹방을 더 새롭고 신선하게 느끼게 됩니다.

배경

주제에 맞는 배경 콘셉트를 정하는 것도 중요합니다. 채널에서 미스테리한 사건을 주제로 다룬다면 배경을 밝고 화려하게 하기보다는 미스터리한 분위기에 더 어울리는 어두운 배경과 그에 맞는 의상 등을 준비해서 촬영하는 것이 좋습니다. 시청자들이 조금 더 내 이야기에 몰입할 수 있을 것입니다.

목소리

목소리도 하나의 콘셉트가 될 수 있습니다. 주제에 맞는 저음의 목소리, 또는 밝고 경쾌한 목소리도 하나의 콘셉트입니다. 사투리를 구사한다면 그 사투리를 맛깔스럽게 사용함으로써 콘셉트를 확고히 할 수 있습니다.

명확한 콘셉트 설정하기

콘셉트는 더 세분화할 수도 있습니다. 캐릭터에 콘셉트를 부여하는 것이 의상이나 말투, 닉네임 등이라면 거기에 더해서 주제를 선정하는 방법을 변경하거나 일관된 밈 등을 사용해서 편집 콘셉트를 설정할 수도 있습니다. 이런 여러 가지의 콘셉트가 모여서 그 채널의 이미지를 부여하게 되고 시청자들은 어딘가 다르다는 느낌을 받게 됩니다. 이렇게 명확한 콘셉트가 정해지면 채널 운영이 쉬워집니다.

방송 프로그램도 기획할 때 콘셉트를 먼저 정합니다. 예를 들어 '무한도전'이라는 프로그램은 구성원들이 어떤 과제를 놓고 끊임없이 도전할 수 있는 좋은 콘셉트 덕분에 프로그램의 주제가 끊임없이 생산되었고, 이후 프로그램 운영 시 명확한 콘셉트 아래서 자유롭게 주제를 변경할 수 있었습니다. 유튜브 채널에 확실한 콘셉트를 정해둔다면 이후의 콘텐츠 생산에 많은 도움이 될 것입니다. 주제의 연속성을 위해서, 그리고 다른 채널과의 차별화를 위해서도 채널의 콘셉트 설정이 중요합니다. 채널의 주제를 정하고 콘셉트를 여러 가지로 세분화하여 다른 채널과 차별화해보기를 바랍니다.

자신의 장점을 최대한 드러내라

누구나 장점이 있습니다. 장점은 외모가 될 수도 있고, 지식, 재산, 재능 등이 될 수도 있습니다. 유튜브 채널을 운영할 때는 자신의 장점을 최대한 활용해야 합니다. 자신이 좋아하는 것과 잘하는 것 중 어떤 것을 선정할 것인지는 자신의 선택이지만, 가진 강점과 잘하는 것을 채널 운영에 이용하는 것은 필수입니다. 농구 경기에서 키 큰 선수가 무조건 이기는 것은 아니지만 키가 클수록 유리한 것은 당연한 일이기 때문입니다.

외모를 강점으로 내세우는 채널

외모가 강점이라면 자신의 외모를 최대한 부각할 수 있는 콘셉트의 채널을 기획해서 장점을 극대화합니다. 외모를 돋보이게 할 수 있는 의상과 조명, 카메라 등을 활용하고 자신이 적극적으로 출연해서 장점을 보여주는 것이 좋습니다.

> 남의 시선을 의식하거나 스스로 오글거린다고 생각할 수도 있지만 결국 유튜브 채널 운영도 비지니스입니다.

인스타그램에는 많은 인플루언서가 적극적으로 자신을 드러내고 어필합니다. 많은 사진 중에 가장 예쁘게 나온 사진을 선택하고 보정해서 게시합니다. 이들은 자신의 장점을 적극적으로 활용할 줄 알고 비즈니스 기회로 활용합니다. 방송할 때는 물론이고 제품을 홍보하거나 협찬 하나를 받더라도 남들보다 나은 외모는 경쟁력이 됩니다. 누군가는 보정 앱 덕분이라며 욕을 할 수도 있지만 결국 앞서가는 사람의 뒤를 보면서 하는 뒷담화일 뿐입니다.

▲ 유튜브 채널을 운영할 때는 외모도 경쟁력이 된다

지식의 깊이를 드러내는 채널

지식을 기반으로 채널을 운영할 때는 남들이 잘 알지 못하고 쉽게 생각할 수 없는 정보를 정리해서 전달하게 됩니다. 이런 영상을 찾는 시청자는 영상을 보면 소비한 시간에 비례하는 유익한 정보를 얻기를 바랍니다. 따라서 이 분야만큼은 시청자에게 유튜버 자신이 전문가라는 확신을 줄 수 있는 영상을 제작해야 합니다.

그런 영상을 만들기 위해 필요한 것은 자신감입니다. 자신감 없는 태도는 금방 영상에 드러나기 마련입니다. 지식 전달형 채널에서 자신감의 근원은 근거입니다. 어떤 의견을 제시할 때 "내 생각에는…."이라는 말보다 "~에 발표된 내용으로는…."처럼 확실한 근거를 제시하면 시청자는 내 의견에 높은 신뢰감을 얻게 될 것입니다. 이렇듯 지식 전달형 채널은 확실한 근거 준비가 필요합니다.

영상의 콘셉트를 구현할 때는 영상의 배경, 의상 등이 신뢰감을 높일 수 있도록 설정합니다. 연구실이나 서재 같은 배경도 좋습니다. 처음 유튜브 채널을 살펴보는 시청자가 유튜버의 배경지식과 이력을 알기는 어려우므로 최대한 짧은 시간 안에 나의 장점을 알릴 수 있어야 합니다. 이렇듯 준비된 근거에 의한 자신감 있는 말투와 그에 걸맞은 콘셉트는 나의 장점을 더욱 돋보이게 해줄 것입니다.

잘하는 모든 것을 활용해 강점을 만들자

강점을 강조할 수 있는 부분은 또 있습니다. 영상의 콘셉트에 필요하다면 적당히 부를 어필하는 것도 좋습니다. 사업 컨설팅을 주제로 하거나 성공한 사업가를 내세우는 콘셉트라면 좋은 차나 시계 등을 적당히 드러내는 것도 하나의 전략이 될 수 있습니다.

또한 목소리가 장점인 분들은 영화 리뷰나 내레이션 위주의 채널을 기획할 수 있습니다. 이때 좋은 마이크를 구매해서 사용한다면 남들보다 목소리를 더 좋게 들리게 함으로써 나의 장점을 적극적으로 활용할 수 있습니다. 마이크는 투자 대비 효과가 좋은 장비로, 목소리가 장점이라면 적극적으로 고려해보길 바랍니다.

이외에도 내가 잘하는 모든 것은 나의 강점이 될 수 있습니다. 촬영이나 편집을 잘하고, 좋은 음악을 만드는 등 모든 것이 나의 강점이므로 적극적으로 활용하는 방법을 찾아 영상을 만들어야 합니다.

시청자가 거부감을 느끼지 않도록 주의하자

다만 나의 강점을 어필할 때 주의할 점은 시청자가 거부감을 느끼지 않도록 하는 것입니다. 외모가 출중하다고 해서 과도한 노출을 일삼고, 재산이 많다고 해서 너무 자주 가진 것을 자랑한다면 거부감을 갖는 시청자가 생겨날 수 있습니다. 당장은 티가 나지 않겠지만 작은 실수 등을 계기로 시청자들이 돌아서서 안티가 될 수 있다는 사실을 기억합시다.

나의 페르소나를 캐릭터에 투영하라

자신의 모습 그대로 유튜브 채널을 운영하는 경우가 많습니다. 내 모습 그대로를 노출하는 것이 당장은 자연스럽고 편하겠지만 유튜브 영상을 만들다 보면 언젠가 더 이상 스스로 노출할 것이 없는 시점이 올 수 있습니다. 자신의 일상과 유튜브에서 보이는 생활 사이에서 혼돈이 올 수도 있습니다. 구독자가 많아지면 유튜브 채널도 직업처럼 운영해야 하는데, 나의 일상과 일이 분리되지 않는 삶은 상당히 피곤할 수 있습니다.

영상에 출연할 때는 연기자가 되어 페르소나를 연기하자

유튜브 영상을 제작할 때는 처음부터 감독인 나의 '페르소나'를 캐릭터에 투영해보는 것이 좋습니다. 페르소나란 감독이 영화 속에서 자신을 투영한 배우를 말합니다. 유튜브 채널의 영상을 만들 때는 스스로 감독이자 배우의 역할을 수행하게 되는데, 영상을 기획하는 자신은 유튜브 채널의 감독이고 영상에 출연하는 배우는 자신의 본래 모습과 다른 성향을 가진 하나의 캐릭터라고 생각해보는 것입니다.

▲ 크리스토퍼 놀란의 영화마다 등장하는 감독의 페르소나, 마이클 케인(출처 : 허프포스트코리아, https://www.huffingtonpost.kr)

유튜브 영상에 등장할 캐릭터를 기획했다면 실제 유튜브에 출연하는 연기자로서는 평소의 내가 아닌 설정한 캐릭터가 되어 연기를 해보는 것입니다. 캐릭터를 설정해두면 유튜브 영상에 출연하는 주인공인 내가 좀 더 상황에 몰입할 수 있는 원동력을 갖게 됩니다. 필자도 유튜브 채널에서 보이는 모습은 약간 차갑고 논리적일 것 같다는 이야기를 많이 듣는데, 실제는 덜렁대는 성격에 가깝습니다. '강차분'이라는 캐릭터는 기획한 콘텐츠를 구독자에게 설득력 있게 전달할 수 있는 필자의 페르소나인 것입니다.

페르소나에서 벗어나 감독의 입장으로 편집할 때는 내가 수행한 페르소나의 발음이나 말투 등의 고칠 점도 객관적으로 볼 수 있습니다.

영상을 기획, 편집할 때는 감독이 되어 내 연기를 지도하자

잘하던 일도 멍석 깔아주면 못 한다는 옛말이 있습니다. 아무리 재미있고 발랄한 콘셉트를 구상했어도 영상을 찍으려고 하면 혼자 카메라 앞에서 연기하는 게 민망할 때가 있습니다. 이런 경우에도 페르소나가 있다면 이러한 어색함을 쉽게 이겨낼 수 있습니다. 스스로 촬영한 부분을 보면서 감독이 연기자에게 지시를 내리듯이 "이 부분에선 이렇게 이야기해야 해.", "이 부분은 좀 더 자신 있게.", "아니야, 실수했어. 다시 한번."이라고 자신의 페르소나에게 지적한다고 생각해봅시다. 그 후 다시 카메라 앞에서 이야기하거나 연기를 해보면 민망함이 훨씬 줄어들 것입니다. 감독의 연기 지도를 받은 연기자처럼 상황에 몰입해서 촬영하면 됩니다.

이렇게 영상을 촬영하고 있는 사람이 내가 아닌 내 채널에 출연 중인 연기자라고 생각하면서 감독의 입장에서 채널을 운영한다면 조금 더 편하게 나 자신(페르소나)을 연기시키며 더 발전할 수 있을 것입니다.

좋아하는 것을 할까, 잘하는 것을 할까?

유튜브 채널을 시작할 때 내가 좋아하는 것을 주제로 할지, 잘하는 것을 주제로 할지 고민하게 됩니다. 물론 좋아하는 것을 잘하면 더 좋지만 불행하게도 그렇지 않은 경우가 더 많습니다.

수익이 목적이라면 잘하는 것을 주제로 삼아라

이런 고민에 정답은 없지만 수익을 목적으로 채널을 운영한다면 우선 잘하는 것을 주제로 삼는 것이 좋습니다. 유튜브를 보는 시청자는 본인이 들이는 시간에 비례하는 무언가를 얻어내고 싶어합니다. 풍부한 지식이나 정보를 갖춘 채널에서 시청자가 영상을 볼 확률이 높기 때문에 내가 좋아하는 것보다 우선 잘하는 것을 영상으로 만드는 것이 좀 더 유리합니다. 축구를 세상에서 가장 좋아하는 누군가의 축구하는 영상을 보는 것보다는 손흥민의 영상을 보는 것을 사람들이 선호하는 것과 같습니다.

좋아하고 잘하는 것 사이에서 균형점을 찾아라

좋아하는 것과 잘하는 것 사이에서 적절한 균형점을 찾는다면 채널을 운영하는 데 도움이 됩니다. 예를 들어 낚시를 좋아하는데 요리도 잘하는 사람이라면 낚시로 잡은 물고기로 요리하는 콘텐츠를 시도해볼 수 있습니다. 이런 경험을 쌓으면서 내가 좋아하는 것을 잘하게 될 때까지 연습해가는 것입니다. 그렇게 시간이 흘러서 본인이 좋아하는 것을 잘하게 되었을 때 본격적으로 콘텐츠 제작을 시도해보는 것도 좋습니다. 챌린지 영상을 기획해서 좋아하는 것을 잘하게 되는 과정을 담는 것도 좋은 기획입니다. '드럼 배우기 100일간의 영상'과 같은 방식으로 오랜 시간 좋아하는 것을 익히는 과정을 담는 영상은 좋은 반응을 얻는 경우가 많습니다.

앞서 이야기한 것처럼 좋아하는 것을 할지, 잘하는 것을 할지 사이에 정답은 없지만, 확실한 것은 사람들이 좋아할 만한 영상은 그 예상을 뛰어넘는 콘텐츠에서 온다는 것입니다. 예상보다 뛰어난 실력이나 예상을 뛰어넘는 노력이 들어간 영상은 항상 반응이 좋습니다. 좋아하는 것을 하든 잘하는 것을 하든 무엇이 사람들에게 어필할 수 있을지를 고민해보면 좋겠습니다.

유튜브를 할 때의 마음가짐

필자가 이제까지 지켜본 바에 의하면 대부분의 유튜버는 성공을 보고 달리다가 어느 정도 성공을 이룬 후에는 여러 가지 문제로 멘탈이 흔들립니다. '성공만 한다면 이후에는 다 괜찮을 거야'라고 생각하지만 유명해지고 난 후에는 나를 괴롭히는 많은 일이 일어납니다. 악플이라든지 주변의 뒷담화나 다른 유튜버의 견제와 저격 등 나를 힘들게 하는 여러 사건이 생길 수도 있습니다. 소신을 강하게 어필하는 유튜버일수록 더 크게 마음고생합니다. 필자 역시 유튜브를 시작할 당시에는 내 개인 채널이고 내 생각을 말할 수 있는 나만의 공간이라는 생각에 소신 있는 이야기를 많이 했습니다. 그러던 중 어떤 구독자에게서 자기 생각과 의견이 다른 영상을 지우라고 말하는 것도 들어본 적이 있습니다. 유튜브 채널을 운영하면서 내게 이런 일까지 생길까 싶지만 유튜브를 보는 시청자는 그만큼 다양하고, 그 중 누군가는 내게 상처를 줄 수도 있습니다. 따라서 자신이 아직 유명하지 않은 유튜버라도 미리 멘탈을 단단하게 하는 훈련을 하는 것이 중요합니다.

자신감 있고 당당한 마인드를 갖자

소신이 없고 자신감이 없는 사람은 대중을 끌어당기지 못합니다. 소신이 있고 자신감 있는 사람에게 대중이 끌려갑니다. 유튜버는 사람을 끌어모아야 하는데, 자신감이 없고 시청자에게 줄 수 있는 게 없다면 구독자를 끌어모을 수 없습니다. 예를 들어 매일 만나자고 연락을 하는 사람에게 내가 먼저 만나자고 연락할 필요가 없는 것처럼, 구독자가 먼저 아쉬움을 느끼고 보고 싶은 채널이 되어야 합니다. 영상 속에서 아무리 내 채널을 구독해달라고 애원하고 매달려봐도 시청자에게 필요한 것이 담겨 있지 않으면 시청자는 구독을 하지 않습니다.

그럼 어떻게 운영해야 시청자에게 당당하고 자신감 있게 비칠까요? '나는 구독자에게 도움이 되는 영상을 만들고 있고, 이 영상을 보는 구독자도 실제 큰 도움을 얻을 수 있다'는 마음으로 채널을 운영해보는 것입니다. 영상을 찍으면서 이렇게 말하라는 게 아니라 이런 마인드를 가지고 채널을 운영하라는 이야기입니다. 내 영상을 시청해주고, 구독해주고, 댓글을 달아주는 구독자들에게 고마운 마음을 갖게 되지만 나 역시도 영상을 보는 이들에게 도움과 행복, 재미를 주고 있는 것입니다. 이렇게 마음먹고 채널을 운영하면 점점 자신감이 생기고, 자신감은 영상에도 드러나게 됩니다. 이러한 자신감은 영상을 만드는 데에 대한 뿌듯함, 채널 운영의 원동력으로 이어질 수 있습니다.

모두를 만족시킬 수 없다는 것을 인정하자

다른 사람의 생각은 나와 다를 수 있으며, 모두에게 도움이 되고 만족을 주는 유튜버가 되는 것은 불가능합니다. 소신 있게 콘텐츠를 만든다면 내 콘텐츠에 만족하는 구독자를 끌어모을 수 있습니다. 나와 다른 생각을 하는 사람들이 있고, 내 콘텐츠를 좋아하지 않을 수도 있다는 사실을 인식한다면 과감히 그들을 내 구독자로 만드는 것을 포기할 수 있습니다. 내가 만든 콘텐츠에 자부심을 갖고, 내가 만든 콘텐츠를 사랑해주는 이들을 먼저 고려하며 채널을 운영하는 것이 좋습니다.

▲ 모두 만족할 만한 콘텐츠를 만들기는 어렵다

시작하라, 꾸준히 하라, 남의 의견을 경청하라

유튜브 시작을 고민하는 사람에게는 주변에 성공한 유튜브 사례를 이야기해주는 것이 가장 효과적인 동기 부여 방법입니다. 일일이 채널명을 거론할 수는 없지만 유튜브 채널 개설 후에 채널의 성공 여부와는 관계없이 인간관계가 확장되거나 사업을 키워가는 등 많은 변화를 겪는 경우를 볼 수 있습니다. 실제 열심히 활동하여 좋은 성과를 얻은 사람들의 공통점을 살펴보겠습니다.

꾸준히 운영하라

몇십만 구독자를 보유한 대형 채널을 운영하는 유튜버의 공통점은 바로 꾸준함입니다.

보통 유튜브를 시작하면 열정이 앞서서 커뮤니티에 가입하고 활발하게 활동하는 모습을 자주 보입니다. 하지만 대부분이 얼마 지나지 않아 유튜브 채널 운영을 그만두는 경우가 많습니다. 초창기부터 꾸준히 채널을 운영하는 유튜버는 100명 중 20~30명에 지나지 않습니다. 유튜브가 레드오션이라고 많이 이야기하지만 꾸준히 한다면 자연스럽게 70%의 경쟁자는 없어진다고 볼 수 있습니다. 커뮤니티에서는 우스갯소리로 '구글 신이 돕는다'는 농담을 하곤 하는데, 만약 오늘 유튜브를 그만두면 내일 내 채널을 도와주려던 구글 신을 만날 수 없는 것입니다. 정확한 채널 콘셉트를 잡고 꾸준히 운영하는 것, 그것이 가장 빠르고 확실한 성공의 비결입니다.

다른 사람의 의견을 경청하라

대형 채널을 운영하는 유튜버의 두 번째 공통점은 다른 사람의 의견을 경청한다는 것입니다. 다른 사람들 눈에 재미있는 영상이 무엇인지 궁금하다면 다른 사람에게 내 영상을 평가받아봅니다. 커뮤니티의 순기능 중 하나가 내 영상을 피드백해줄 사람을 많이 만날 수 있다는 것입니다. 내가 만든 채널이나 영상은 마치 내 자식처럼 애정이 가지만 내 눈에만 재미있는 영상보다는 시청자가 재미있는 영상을 만들어야 합니다. 다른 사람의 의견을 듣고 반영할 수 있는 건 반영하면서 영상을 발전시켜가는 유튜버가 성공합니다. 채널이 성공하는 데는 여러 가지 이유가 있겠지만 유튜브를 시작한 후 꾸준히 운영하면서 단점을 보완해야 성과를 이룰 수 있습니다.

유튜브를 하고 나서 인생이 바뀐 경우를 수도 없이 많이 봐왔습니다. 당장 시작하세요. 지금 시작하지 않으면 결국 바뀌는 것은 아무것도 없습니다.

CHAPTER 02

유튜브 채널을 만들 때 해야 할 것들

무슨 일을 하든지 간에 준비 과정이 필요합니다. 유튜브는 많은 노력이 들어가기 때문에 시행착오가 생기면 의욕이 떨어질 수 있습니다. 사전 준비를 통해 시행착오를 줄여봅시다. 유튜브를 본격적으로 시작하기 전에 채널 기획, 카테고리 설정, 촬영 장비 구매 등 미리 준비할 수 있는 것이 무엇인지 알아보겠습니다.

채널 기획의 시작

앞선 CHAPTER 01에서 유튜브 채널을 만들기 위한 동기부여와 채널을 굳건하게 이끌어갈 마인드 세팅을 끝냈습니다. 더불어 어떤 채널을 운영할지, 어떤 콘텐츠를 만들지, 어떻게 주제를 수급할지에 대한 계획도 완료했습니다. 이제 본격적으로 채널을 만들기 위한 전략을 수립할 때입니다.

유튜브 채널 기획 가이드

다음은 필자가 유튜브 채널 기획 강의를 할 때 수강생에게 나눠주는 간단한 표입니다. 수강생들은 이 표를 작성하면서 충분히 채널에 대해 고민하고 자신의 계획을 발표한 후 피드백을 통해 채널 기획을 더욱 발전시키게 됩니다. 앞으로 채널을 기획하는 데 있어 기초가 되는 뼈대와 같은 표이므로 간략하게 작성해보고 부족한 점은 차차 수정해보세요. 지금부터 표의 각 항목을 설명할 테니 따라서 작성해

유튜브 채널 기획 가이드	
채널명	
주제	
주제 설명	
콘셉트	
타깃	
레퍼런스	
차별화 방안	
운용 계획 (장비, 인력 등)	
운용 목표	
콘텐츠 제목 (예시 5개)	
업로드 주기 설정 (월 ○회)	

▲ 간략한 채널 기획 표

LINK 채널 기획과 관련된 자세한 내용은 CHAPTER 01~02를 참고합니다.

보면서 채널의 방향에 대해서 고민해보길 바랍니다. 각 항목의 세부 설명은 책 본문에서 더 상세하게 살펴보겠습니다.

채널명

채널명은 채널 기획에서 가장 중요한 항목입니다. 고심하지 않고 지은 채널명으로 자신의 채널을 널리 알리고 유명해진 사람이 있을지도 모르지만, 고민 없이 채널명을 만들고 성공하기는 쉽지 않을 것입니다. 기왕이면 다홍치마라고 잘 지은 채널명으로 시청자에게 내 채널을 한 번에 각인시켜봅시다.

채널명은 간략하고 짧으며 채널의 특성을 한 번에 나타내는 형태가 좋습니다. 이때 신경 써야 할 부분은 채널이 어느 정도의 수준으로 운영될 것인지에 대한 고민과 채널의 콘텐츠 방향성을 충분히 고려해서 지어야 한다는 점입니다. 채널명은 발음하기 쉽고 한번 들으면 잘 잊히지 않게 짓는 것도 중요합니다.

LINK 채널명 짓기와 관련된 자세한 내용은 '나만의 유일한 채널명 만들기' 115쪽을 참고합니다.

예전에는 'OOTV' 등의 채널명을 많이 지었지만 요즘은 그러지 않는 추세입니다. 채널명 뒤에 TV를 붙이는 의미는 본격적으로 채널을 운영한다는 의지를 보여주어서 구독 전환율을 높이는 효과가 있지만 TV라는 단어에 걸맞게 운영되어야 합니다. 적당히 찍은 영상만을 올리면서 'OOTV'라는 단어를 사용한다면 시청자 입장에서는 의아할 수 있습니다.

개인 브랜딩형 채널이나 브이로그를 운영할 예정이라면 본인의 이름이나 별명을 활용한 채널명도 좋습니다. 유명한 채널 중 개그우먼 박미선이 진행하는 〈미선임파서블〉을 예로 들 수 있는데, 유명인이라면 본인의 인지도를 채널 운영에 이용할 수 있습니다. 또한 채널이 유명해질수록 본인도 브랜딩이 된다는 장점이 있습니다.

콘텐츠의 방향에 따라 채널명을 정하는 것도 좋은 방법입니다. 경제와 돈을 다루는 채널인 〈신사임당〉 채널은 채널의 방향성과 채널명이 잘 일치하는 좋은 예입니다. 주의할 점은 장래에 여러 가지 콘텐츠를 다루고 싶다면 채널명을 한 가지 주제에 종속되지 않게 정해야 합니다. 예를 들어 내가 부동산을 한다고 해서 'OO부동산채널'이라고 채널명을 정했다면 나중에 주제를 전환하기 어렵다는 단점이 있습니다. 하지만 반대로 부동산에 관심 있는 사람들의 구독을 끌어내기에는 좀 더 유리한 장점이 있습니다.

주제

주제는 어떤 콘텐츠를 주로 다룰지를 적어보면 됩니다. 예를 들어 먹방, 브이로그, 여행, 뷰티, 리뷰 등 앞으로 다룰 콘텐츠를 쭉 적어가는 것입니다. CHAPTER 01에서 알아본 바와 같이 내가 정한 채널 운영의 방향과 맞는 주제를 정해야 합니다.

주제 설명

내가 운영하고자 하는 주제에 대한 설명을 적어봅니다. 예를 들어 먹방을 할 예정이라면 구체적으로 어떤 곳에서 어떤 것을 먹겠다거나 여행 채널은 어디를 가서 어떻게 찍겠다와 같이 누군가에게 설명한다는 생각으로 최대한 구체적으로 적는 것이 좋습니다. 또한 이 주제를 선택한 이유도 상세하게 적어봅니다.

콘셉트

채널의 전반적인 콘셉트를 설정하는 단계입니다. 모든 콘셉트를 다 적어보도록 합니다. 의상 콘셉트, 채널아트, 채널 아이콘, 편집 콘셉트, 촬영 콘셉트 등 전반적인 톤앤매너를 미리 설정해서 적어줍니다.

LINK 채널아트와 관련된 자세한 내용은 '깔끔한 채널아트 만들기' 121쪽을 참고합니다.

타깃

내 채널을 주로 시청할 것 같은 타깃층을 상세히 적어봅니다. 연령, 성별, 직군, 지역, 취미 등 다양하게 분류할 수 있습니다. 이 타깃 분석도 굉장히 중요한 단계입니다.

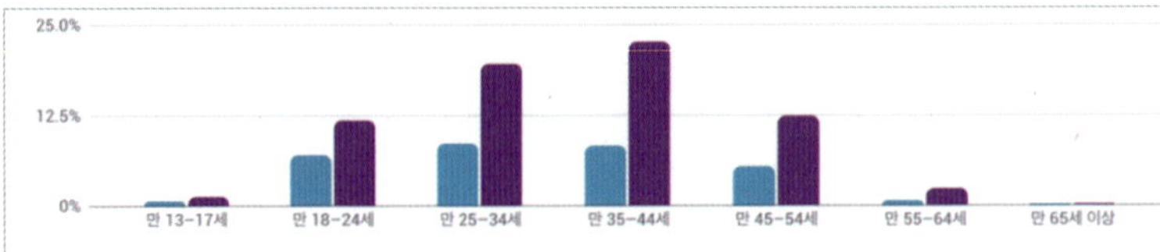

	조회수		시청 시간(단위: 시간)	
시청자 연령	여성	남성	여성	남성
합계	**30.2%**	**69.9%**	**28.3%**	**71.7%**
만 13-17세	0.6%	1.2%	0.4%	0.7%
만 18-24세	7.0%	11.9%	4.4%	8.5%
만 25-34세	8.5%	19.5%	7.9%	17.9%
만 35-44세	8.2%	22.6%	8.4%	25.5%
만 45-54세	5.2%	12.4%	6.3%	15.2%
만 55-64세	0.6%	2.3%	0.9%	3.7%
만 65세 이상	–	0.1%	–	0.2%

▲ 시청자층을 보여주는 유튜브 스튜디오(출처 : 〈강차분PD〉 채널 유튜브 스튜디오)

채널 개설 후에는 유튜브 스튜디오에서 주 시청자층을 분석해서 볼 수 있지만 개설 전에 조사와 예측을 통해 미리 타깃을 정하면 좀 더 수월하게 구독자를 모을 수 있습니다.

레퍼런스

내 채널과 가장 유사한 그리고 닮고 싶은 채널을 찾아서 기입합니다. 많을수록 좋고 콘셉트, 타깃, 주제별로 따로 수집해도 좋습니다. 예를 들어 콘셉트는 채널 A에서, 주제는 채널 B에서 수집해서 분류하는 것입니다. 잘되고 있는 채널을 위주로 수집해도 좋고, 마음에 드는 채널을 수집해도 좋습니다.

LINK 레퍼런스와 관련된 자세한 내용은 '같은 카테고리의 톱 채널을 분석하라' 088쪽을 참고합니다.

차별화 방안

다른 채널의 레퍼런스를 분석했으면 이제는 내 채널을 어떻게 차별화할 것인지 고민해보는 항목입니다. 먹방을 한다면 다른 먹방 유튜버와 어떻게 차별화할 것인지, 여행지를 소개한다면 다른 유튜버가 이미 다녀간 여행지를 어떻게 차별화해 소개할 것인지를 고민해서 적어봅니다. 예를 들어 남들이 가지 않은 생소한 장소를 찾아본다든지, 그 장소에서 다른 이벤트를 기획해본다든지 등의 차별화 포인트를 만들어보면 좋습니다.

LINK 차별화 방안과 관련된 자세한 내용은 '남과 다른 1% 캐릭터 잡기' 112쪽을 참고합니다.

운용 계획

채널을 운용할 때 필요한 장비나 인력 등을 적어봅니다. 스스로 촬영할 수 있는 채널도 있겠지만 누군가가 찍어줘야 하는 채널도 있습니다. 편집은 스스로 할 것인지, 외주 의뢰를 할 것인지 등도 미리 정해봅니다. 장비나 장소도 그에 맞춰서 적습니다.

운용 목표

채널을 운용함에 있어 중장기 목표를 적어봅니다. 단순히 구독자 10만 명, 100만 명을 모집하겠다고 적는 것이 아니라 '먹방으로 시작해서 구독자를 얻은 후 내 개인 브랜딩을 하고, 브이로그도 운영하며, 그 브랜딩 효과를 이용해서 사업을 하겠다'와 같은 방식으로 구체적인 최종 목표를 적습니다. 이 부분은 미리 생각하고 시작해야 나중에 채널의 방향이 달라지는 일이 없기 때문에 꼭 고민해보고 넘어가야 합니다.

LINK 운용 목표와 관련된 자세한 내용은 '채널 운용에 필요한 작은 목표부터 정하자' 054쪽을 참고합니다.

콘텐츠 제목

모든 기획이 끝났다면 머릿속에서 가상의 콘텐츠를 기획한 후 콘텐츠의 제목을 다섯 개 정도 적어봅니다. 이때 우리가 유튜브를 시청하며 클릭하게 되는 제목을 떠올리면서 '이 제목에 이런 섬네일이라면 나는 과연 클릭을 할까?'를 고민하며 적습니다. 콘텐츠의 제목 정하기는 채널 운영에서 중요한 부분이므로 진지하게 고민한 후 적어봅니다.

LINK 콘텐츠 제목과 관련된 자세한 내용은 '유튜브 영상 제목 정하기' 122쪽을 참고합니다.

업로드 주기 설정

업로드는 촬영이 되는 대로 편집해서 올리는 것이 아니라 특정 요일이나 기간을 정해두고 올리는 것이 좋습니다. 결국 꾸준한 사람만이 성공할 수 있기 때문에 콘텐츠 업로드를 나 자신과의 약속으로 삼아 영상을 꾸준히 올려야 합니다. 이때 현실적으로 지킬 수 있는 주기를 설정하는 것이 좋습니다. 예를 들어 촬영 1일에 편집이 2일 정도 걸리는 수준인데, 2일마다 업로드하겠다고 정하면 주기가 맞지 않기 때문입니다.

지금까지 채널의 간략한 기획서 작성 방법을 설명했습니다. 지금부터 책의 본문을 따라 읽으면서 '유튜브 채널 기획 가이드'를 한 칸 한 칸 보충해서 채워가다 보면 내가 어떤 채널을 운영하고 싶은지, 어떤 채널을 잘할 수 있을지를 떠올릴 수 있을 것입니다.

같은 카테고리의 톱 채널을 분석하라

같은 카테고리의 톱클래스 채널을 분석하라

유튜브 채널을 제대로 운영하려면 우선 내가 하려는 카테고리의 톱클래스 채널을 분석해보는 것부터 시작해야 합니다. 예를 들어 먹방을 시도한다고 하면 우리가 알고 있는 유명 먹방 크리에이터를 찾아보고 다음과 같은 '레퍼런스 채널 분석표'를 만들어 채워봅니다.

필자가 예시로 만들어본 표인데 각 채널의 특성에 맞게 더 많은 자료를 수집하거나 분류해서 채워 넣을 수 있습니다. 이렇게 하면 같은 카테고리의 톱 채널이 왜 잘됐는지 분석할 수 있습니다. 표를 다 채웠으면 다양한 요소를 분석해봐야 합니다. 영상수 대비 조회수나 구독자수 대비 평균 조회수를 분석할 수도 있습니다.

같은 톱클래스 먹방 크리에이터라도 영상을 적게 올리고 구독자를 많이 모은 경우도 있고, 많은 영상을 올리면서 구독자를 모은 경우

순	채널명	채널 주소	구독자수	최근 평균 조회수	평균 댓글수	카메라 앵글	마이크	총 영상수	총 조회수	특이점	장점	단점	비고
1													
2													
3													
4													
5													
6													
7													
8													
9													
10													

▲ 레퍼런스 채널 분석표

도 있을 것입니다. 구독자가 많은 데 비해 평균 조회수가 떨어지는 크리에이터도 있을 것이며, 적은 수의 구독자에 비해 조회수가 높은 크리에이터도 있을 것입니다. 이런 분석 과정을 거치면서 이 크리에이터는 어떻게 많은 구독자를 모았는지, 왜 영상 조회수가 잘 나오는지 조금씩 분석해봅니다. 다른 크리에이터에 비해 구독자 대비 조회수, 영상수 대비 조회수가 잘 나오는 크리에이터는 다른 크리에이터와 어떤 차이점이 있는지, 특별한 콘셉트가 있는지, 혹은 영상의 퀄리티가 좋은지, 크리에이터의 연기력이 좋은지, 화려한 언변 같은 요소가 채널 성장에 영향을 미쳤는지 등을 분석해볼 수 있습니다.

많이 보고, 많이 생각하고, 많이 분석하라

다른 크리에이터를 분석할수록 잘되는 크리에이터에게는 잘되는 이유가 있다는 것을 알게 될 것입니다. 그중에 내 채널에 적용할 수 있고, 내가 할 수 있는 콘셉트나 기술적인 부분을 메모해봅니다.

> 레퍼런스의 장점을 최대한 수용하고 단점은 배제하는 세밀한 채널 기획을 하다 보면 나의 장점을 최대한 부각한 채널을 기획할 수 있습니다.

다른 채널을 분석하는 일은 채널을 개설하고 기획하는 단계에서는 지나칠 수도 있지만 채널 기획 단계에서 가장 큰 도움이 되는 부분이라는 것을 자신 있게 이야기할 수 있습니다. 더불어 이 과정을 거치면서 나는 어떤 카메라를 어떤 구도로 사용할 것인지, 어떤 마이크로 어떻게 수음을 할 것인지, 첫인사는 어떻게 할 것인지, 영상의 지속 시간은 어떻게 할 것인지, 중간중간 어떤 이벤트를 배치할 것인지 등을 모두 정해봅니다. 기억하세요. 유튜브 채널 운영은 많이 보고, 많이 생각하고, 많이 분석한 사람이 잘할 수밖에 없습니다.

내 채널이 속한 카테고리에서 경쟁력을 키우는 방법

채널의 카테고리를 정하고 같은 카테고리에서 톱클래스 채널을 분석했다면 내 채널의 경쟁력을 강화할 방법을 생각해봅시다. 채널의 경쟁력을 강화하는 방법에는 여러 가지가 있지만, 유사한 콘셉트의 다양한 채널이 있다면 독창적인 영상의 퀄리티나 유튜버의 개성, 목소리, 눈에 띄는 섬네일 등을 갖췄을 때 경쟁에 도움을 줄 수 있습니다. CHAPTER 01에서 이야기한 것처럼 나의 장점을 파악하는 과정을 거쳤다면 이제 어떻게 활용할 것인지, 장점을 채널 운영에 어떻게 녹여낼 것인지 고민해봐야 합니다. 예를 들어 촬영에 재능이 있고 쿡방을 할 예정이라면 같은 쿡방이라도 최대한 영상미를 살릴 수 있는 방향으로 기획해봅니다. 여러 대의 카메라를 사용하거나, 남들과 다른 촬영 기술을 사용해서 감성미를 자극하는 쿡방 채널을 만들 수 있습니다. 장점이 외모라면 나의 멋진 외모가 잘 드러날 수 있는 의상과 카메라 구도를 설정하여 쿡방을 진행할 수 있고, 목소리가 장점이라면 좋은 마이크를 활용해서 목소리가 잘 들리게 진행하는 방식도 고려해볼 수 있습니다. 편집이 장점이라면 재미있는 다양한 효과를 넣어 편집해봅니다.

다른 모든 주제의 채널도 이와 같은 방식으로 경쟁력 강화를 생각해볼 수 있습니다. 예를 들어 인맥이 좋다는 것도 채널 경쟁력 강화의 한 방법이 될 수 있습니다. 인터뷰 채널이나 남과 함께 진행해야 하는 기획 콘텐츠는 좋은 인맥이 경쟁력 강화의 방법이 될 것입니다.

나에게 경쟁력이 될 만한 것이 없다고 생각하면 안 됩니다. 사소한 것 하나도 나의 경쟁력을 올려줄 수 있습니다. 하다못해 남보다 시간이 많다는 것도 경쟁력이 될 수 있습니다. 남들은 시간이 없어서 가지 못하는 곳에 가서 촬영할 수도 있고, 더 많은 시간을 들여 편집을 할 수도 있을 것입니다. 끼가 있는 형제자매나 친구가 있는 것마저도 경쟁력입니다. 지금부터 내 주변을 살펴보고 내 채널의 경쟁력을 올려줄 사소한 것 하나까지 모두 찾아 활용해봅시다.

유튜브 영상 촬영 장비 갖추기

유튜브를 시작하기 전에 고민되는 것 중 하나가 어떤 장비를 갖춰야 하는가입니다. 무조건 장비를 구매하고 시작할 필요는 없습니다. 채널을 만들고 운영해가면서 필요에 따라 구매하면 됩니다. 사실 예전에는 필자도 스마트폰만 있으면 유튜브를 할 수 있다고 이야기했고, 지금도 그 생각은 다르지 않지만 차별화와 경쟁력 강화 측면을 고려한다면 좋은 장비가 있는 것이 더 유리한 것은 당연합니다. 장비 이야기는 하다 보면 끝이 없기 때문에 간략하게 채널별로 적합한 장비를 추천해보겠습니다.

예산이 한정적이라면 투자 대비 가장 좋은 효율이 나오는 장비를 먼저 구입하는 것이 효과적입니다.

통상적으로 유튜브를 하는 데 필요한 장비를 모두 적어본다면 다음과 같습니다.

- 카메라
- 조명
- 마이크
- 편집용 PC
- 배경지
- 짐벌
- 외장하드
- 메모리
- 삼각대
- 웹캠

물론 추가로 더 많은 장비가 필요할 수도 있겠지만 이 목록 중 어느 장비 하나 없이도 유튜브는 시작할 수 있고, 이 모든 장비를 다 갖추고 나서야 유튜브를 시작하는 경우도 있을 것입니다.

카메라 구입 시 유의 사항

카메라를 구입할 때 고민이 가장 많습니다. 작은 콤팩트 카메라부터 미러리스 카메라까지 카메라에 관한 이해도 없이 무작정 구입하기에는 카메라 종류가 너무나 다양합니다. 가격에 따른 성능 차이가 크기도 하고 내 유튜브 채널에 맞는 용도의 카메라인지 판단하려면 카메라에 대한 공부도 필요합니다. 카메라를 구입할 때는 나의 촬영 패턴이나 용도에 맞는 카메라를 구입하는 것이 좋습니다. 물론 예산이 넉넉하다면 상급 사양의 카메라를 구입하는 것이 좋겠지만 대부분 한정된 예산 내에서 카메라를 구입해야 하므로 가격 대비 용도에 맞는 카메라를 고르는 것이 필요합니다. 지금부터 주로 어떤 용도로 촬영할 것인지에 따른 카메라 선택 기준을 살펴보겠습니다.

손떨림 방지 기능 지원 여부

카메라 구입을 고려하기 전에 밖에서 주로 들고 다니며 핸드헬드(손으로 장치를 드는 것) 촬영을 하는지, 실내나 야외일지라도 삼각대에 고정해두고 촬영을 하는지를 생각해 봐야 합니다. 카메라를 주로 들고 다니며 촬영하는 브이로그 형식의 촬영이 많다면 손떨림 방지 옵션이 있는 카메라를 구입하는 것이 좋습니다.

영상이 흔들리느냐, 흔들리지 않느냐는 영상의 퀄리티를 좌우하는 중요한 요소입니다. 따로 짐벌(손떨림 방지용 장치)을 구입해서 카메라에 장착해 사용할 예정이 아니라면 적어도 손떨림 방지 옵션이 있는 카메라를 구입하는 것이 좋습니다. 삼각대를 휴대하며 촬영하거나 실내 등 한정된 공간에서 촬영한다면 손떨림 방지 기능이 없는 좀 더 저렴한 카메라를 구입하는 것도 좋은 선택입니다.

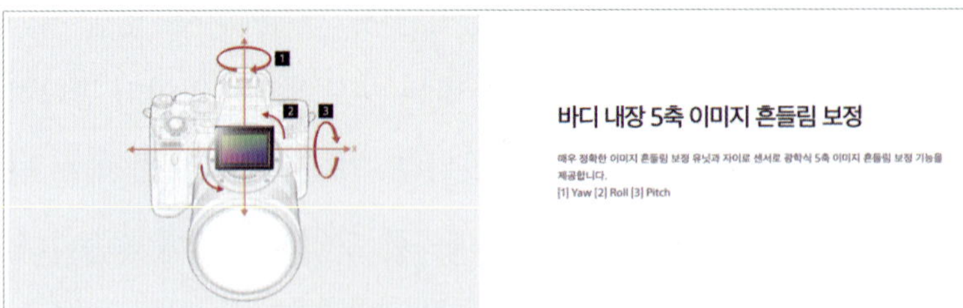

▲ 손떨림 방지 기능(출처 : 소니코리아, https://www.sony.co.kr)

4K 영상 촬영 지원 여부

아직 유튜브의 표준 화질은 1080p입니다. 4K 촬영이 필요 없는 경우도 많지만 현재 판매되는 대부분의 카메라는 4K 촬영을 지원합니다. 4K 영상 편집은 고사양 컴퓨터를 필요로 하고 편집도 번거롭기 때문에 일반 유튜버라면 4K 촬영을 하는 경우가 많지 않지만 기업에서 운영하는 대부분의 유튜브 채널에서는 4K 촬영을 기본으로 합니다. 4K 촬영을 하면 화질이 좋은 것도 있지만, 1080p로 출력할 때 화면을 필요한 부분만 잘라서 사용할 수 있다는 장점이 있습니다.

예를 들어 4K로 촬영한 영상 편집을 1080p로 한다면 이론적으로는 1/4만 남기고 잘라내도 화질에 손상이 없으므로 필요 없는 부분을 덜어내거나 필요한 부분을 확대하기 쉽습니다.

▲ 실제 4K 촬영 영상(출처 : 픽사베이, https://www.pixabay.com)

▲ 4K 촬영 후 필요한 부분만 확대한 편집 화면으로 화질 저하가 거의 없다(출처 : 픽사베이, https://www.pixabay.com)

처음부터 1080p로 촬영하면 그 상태에서는 픽셀을 강제로 확대할 수밖에 없기 때문에 화질 저하가 나타납니다. 이처럼 4K 촬영은 편집의 편리함 외에도 여러 가지 장점이 있으므로 당장 촬영 계획은 없더라도 4K 영상 촬영을 지원하는 카메라로 구입하는 것을 추천합니다.

▲ 1080p 촬영 후 필요한 부분만 확대한 편집 화면으로 화질 저하가 눈에 띈다(출처 : 픽사베이, https://www.pixabay.com)

회전 액정

카메라에는 회전 액정이 달린 모델도 있고, 그렇지 않은 모델도 있습니다. 이 옵션은 주로 혼자 자신을 촬영하는 경우가 많은지, 남이

▲ 회전 액정이 탑재된 카메라(출처 : 소니코리아, https://www.sony.co.kr)

나를 찍어주는 경우가 많은지를 생각해보고 선택하는 것이 좋습니다. 남이 나를 찍어주거나 삼각대에 고정해두고 거의 한곳에서만 촬영한다면 굳이 필요하지 않은 옵션입니다.

외장 마이크 단자 지원 여부

카메라에 따라 외장 마이크 단자가 있는 경우도 있고, 없는 경우도 있습니다. 영상에서 크리에이터의 목소리 전달력은 상당히 중요합니다. 외장 마이크를 장착하면 영상 내 크리에이터의 목소리를 시청자에게 명확하게 전달할 수 있습니다. 물론 외장 마이크를 장착하지 못한다고 따로 녹음기를 사용하거나 스마트폰으로 녹음한 후 편집 과정에서 싱크를 맞춰 편집할 수도 있습니다. 하지만 번거로운 과정이고, 촬영마다 녹음을 하다 보면 파일 관리도 복잡할 수 있으므로 외장 마이크 단자가 갖춰져 있는 것이 좋습니다. 다만 내 목소리가 들어가는 것이 중요하지 않고, 풍경 위주의 촬영이나 후에 더빙으로 목소리를 넣을 예정이라면 고려하지 않아도 될 요소입니다.

▲ 외장 마이크가 장착된 카메라(출처 : 픽사베이, https://www.pixabay.com)

AF 속도와 정확도

AF(Auto Focus, 자동 초점 기능) 속도는 카메라의 초점이 맞는 속도를 말하는데, 배경이 흐려지는 아웃포커싱 현상을 만들 수 있는 렌즈 구성을 갖춘 카메라는 AF 속도와 정확도가 매우 중요합니다. 예를 들어 AF 속도와 정확도가 떨어진다면 내 얼굴 또는 내가 찍고자 하는 피사체에 초점이 잘 맞춰지지 않아 흐릿하게 촬영되고, 애써 촬영한 영상을 쓰지 못하게 될 수도 있습니다. AF 속도와 정확도는 동영상 촬영에 있어 가장 중요한 요소인데, 최근에 출시되는 카메라는 얼굴 인식 자동 초점 기능이 내장되어 있어서 삼각대를 세워두고 촬영할 때 얼굴을 자동으로 인식해서 초점을 맞춰줍니다. 촬영 중 이동하거나 얼굴이 가려졌을 때도 빠르게 초점을 맞춰주는 것이 중요합니다. 최근에 출시된 카메라를 기준으로 했을 때 소니와 캐논의 카메라가 AF 속도와 정확도에서 좋은 평가를 받고 있습니다.

▲ 실시간 Eye AF 기능으로 실시간으로 사람의 눈을 추적하여 초점을 맞춰준다(출처 : 소니코리아, https://www.sony.co.kr)

색감과 보정

색감은 영상에 감성을 불어넣습니다. 카메라는 제조사별로 고유한 색감을 지니는데, 이는 개인의 취향을 많이 반영하므로 각 카메라의 샘플 영상을 참고하면 좋습니다.

본인이 원하는 색감을 좀 더 구현하려면 보정 프로그램으로 색 보정을 할 수도 있습니다. 이때는 로그(Log)촬영이 가능한 카메라를 사용하면 색 보정의 관용도가 높아집니다. 예를 들어 요리할 때 시작부터 완벽하게 간을 맞추고 양념을 해서 요리를 만들어내느냐, 아니면 원재료만 끓여낸 후 원하는 대로 양념을 추가하면서 요리하느냐 정도의 차이라고 할 수 있습니다. 이미 간을 맞추고 양념을 해버린 요리는 내가 원하는 양념을 다시 넣고 조리하기 쉽지 않지만 원재료만으로 요리했다면 원하는 대로 양념을 추가할 수 있습니다. 로그촬영을 하면 촬영 후 원하는 색 보정을 할 때 좀 더 유리합니다. 통상적으로 로그촬영이 가능한 카메라는 고가입니다.

초점 거리

초점 거리는 촬영할 때 얼마나 넓게 찍을 수 있는지, 멀리 있는 것을 얼마나 당겨 찍을 수 있는지를 말하는 것으로, 일반적인 유튜브 촬영이라면 표준 화각대의 줌렌즈를 선택하는 것이 좋습니다. 통상적으로 1:1 센서 또는 환산 화각으로 24~70mm 영역대를 표준 줌렌즈라고 하는데, 일반적인 용도로 사용하기에 충분한 화각대입니다.

환산 화각은 카메라 센서별로 다른데, 크롭바디 카메라는 16~

50mm 정도이고, 주로 파나소닉이나 올림푸스 카메라 등이 속한 마이크로 포서드 시스템 카메라는 12~35mm 정도의 화각대 렌즈를 선택하면 무난합니다.

핵심 콕콕 용어 TIP 마이크로 포서드 시스템(Micro Four Thirds System) 통상적으로 파나소닉, 올림푸스 카메라에 사용하는 센서 규격을 말합니다. 풀프레임 센서에 비해 크기가 작습니다.

▲ 소니 크롭바디 카메라와 번들 표준 줌렌즈 16~50mm(출처 : 소니코리아, https://www.sony.co.kr)

다만 핸드헬드로 본인을 주로 촬영하는 브이로그는 좀 더 화각이 넓어야 화면에 인물뿐만 아니라 배경도 함께 나올 수 있으므로 화각이 넓은 렌즈를 선택하는 것이 좋습니다. 화각이 넓은 렌즈는 mm 수치가 낮은 렌즈로, 표준 화각 수치보다 더 숫자가 낮은 렌즈를 선택하면 됩니다. 반대로 멀리 있는 것을 찍을 때는 망원 화각대를 선택하면 좋습니다. 앞서 말한 것과 반대로 mm 수치가 높은 렌즈를 선택합니다. 보통 카메라를 살 때는 표준 줌렌즈가 번들로 들어 있는 경우가 많으므로 우선 해당 렌즈를 사용해본 후 용도에 맞는 렌즈를 추가로 구매하는 것이 현명한 선택입니다.

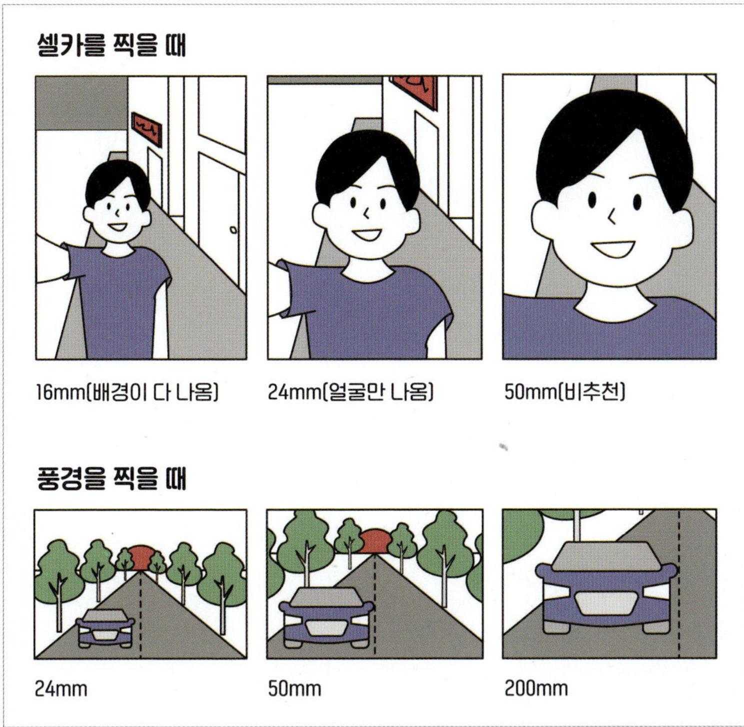

▲ 표준 화각 기준 화각별 구도

렌즈의 밝기

렌즈에 2.8이나 3.5~4.5 등의 숫자가 쓰여 있는 것을 볼 수 있는데, 이는 렌즈의 밝기를 표현한 것입니다. 이 숫자가 적을수록 렌즈가 밝은 것을 표현합니다. 렌즈가 밝다는 것은 조리개가 많이 열리는 것을 의미하고, 조리개가 많이 열릴수록 아웃포커싱에도 유리합니다. 일반적으로 조리개 수치가 적은 렌즈는 어두운 상황의 촬영과 아웃포커싱에도 유리하기 때문에 밝은 조리개의 렌즈를 선호합니다. 조리개 수치가 낮은 렌즈는 통상 더 비싸고 크고 무겁습니다. 상업적인 영상 촬영자가 아니라면 동영상 촬영에 필요한 카메라는 항상 휴대하면서 언제든 빠르게 찍는 것이 중요한데, 너무 크고 무거운 카메라와 렌즈는 영상을 제작하는 데 걸림돌이 될 수도 있습니다. 처음에는 작고 가벼운 렌즈로 시작해서 필요에 따라 더 좋은 렌즈로 교체하는 것을 추천합니다.

콤팩트 카메라와 미러리스

유튜버를 겨냥해 주머니에 가볍게 넣을 수 있는 콤팩트 카메라가 많이 출시되었습니다. 반면 렌즈를 교환할 수 있는 미러리스 카메라도 있습니다. 내가 어떤 영상을 주로 찍을 것인지에 따라 카메라를 선택합니다. 여행을 다니면서 가볍게 꺼내서 찍는 것이 목적이라면 콤팩트 카메라를 사는 것이 좋고, 장비를 챙겨서 다니는 것이 번거롭지 않거나 조금 더 신경 써서 영상을 찍고 싶다면 미러리스 카메라를 사는 것이 좋습니다. 쉽게 말해서 항상 카메라 가방을 따로 하나 들고 다닐 수 있는지를 고민해보면 됩니다.

영상의 퀄리티를 올려주는 조명

조명으로 영상의 퀄리티를 가장 쉽고 빠르게 올릴 수 있습니다. 좋은 카메라만 쓰는 것보다 스마트폰으로 찍어도 조명을 같이 사용하면 훨씬 더 좋은 퀄리티의 영상을 얻을 수 있습니다. 고가의 카메라가 아니라면 어두운 상황에서 찍으면 영상에 노이즈가 생기고, 이는 영상의 질을 매우 떨어트리는 요인이 되곤 합니다. 조명은 실내 촬영에서 많이 사용하는데, 실내의 작은 형광등 하나로는 좋은 퀄리티의 영상을 담기 어렵습니다. 여력이 된다면 조명 한 개, 더 여유가 된다면 조명을 두 개 이상을 설치합니다. 훨씬 더 좋은 영상을 얻을 수 있습니다.

일반적으로 LED 지속 조명을 사용하는데, 광량과 색온도를 바꿀 수 있는 제품이 많이 출시되고 있습니다. 외부 전원을 연결해서 촬영하는 경우도 많지만 촬영의 편의성과 이동성을 고려할 때 외장 배터리를 장착할 수 있는 제품을 구입하는 것을 추천합니다. 조명을 구입할 때는 조명을 세울 수 있는 A스탠드도 함께 구입하면 도움이 됩니다.

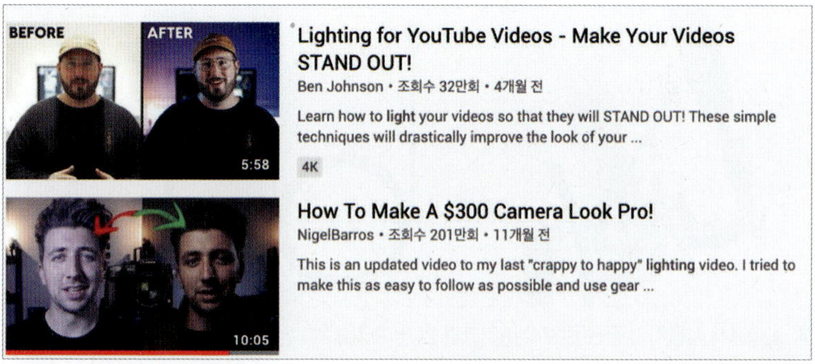

▲ 같은 상황에서 조명만 다르게 했을 때의 영상 차이(출처 : 유튜브, https://www.youtube.com)

예산이 적을 때 가장 효과적인 마이크

적은 예산으로 가장 좋은 효과를 볼 수 있는 것이 마이크입니다. 스마트폰으로 촬영을 할 때 간단한 유선 핀 마이크라도 사용해주면 목소리가 잘 수음되고 시청자의 만족도가 훨씬 올라갑니다. 마이크는 가격이 천차만별이고 고가의 제품을 선택할수록 좋은 소리를 수음합니다. ASMR 등 특수한 상황에서는 고가의 마이크가 좋은 효과를 낼 수 있습니다.

마이크는 실내에서 고정해두고 사용하는 마이크와 외부에서 카메라에 장착하고 사용하는 마이크 두 종류로 나눌 수 있습니다. 채널의 주 촬영 용도에 따라 선택하면 되는데, 실내와 실외 모두 마이크는 아주 중요한 장비이므로 실내에서는 거치해두고 사용할 수 있는 콘덴서 마이크나 핀 마이크 등을 선택하고 실외에서는 필요에 따라 무선 마이크나 샷건 마이크를 사용하면 좋습니다.

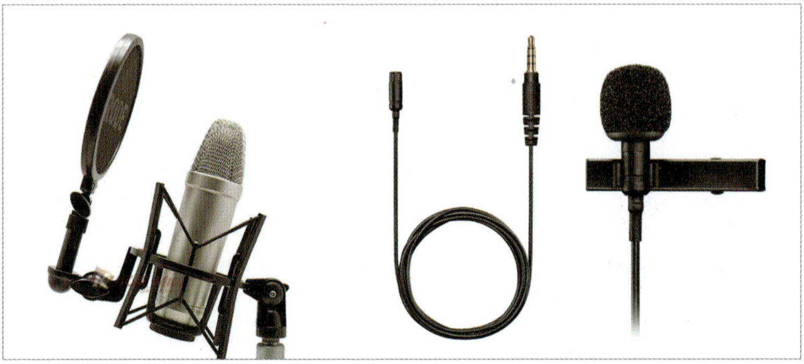

▲ 실내에서 사용하기 좋은 콘덴서 마이크와 핀 마이크(출처 : 유쾌한생각, http://www.plthink.com)

▲ 실외에서 사용하기 좋은 무선 마이크와 샷건 마이크(출처 : 유쾌한생각, http://www.plthink.com)

시간 절약에 유용한 편집용 PC

편집용 PC가 필수는 아니지만 유튜브를 지속하다 보면 고민하게 되는 장비입니다. 물론 현재 사용하고 있는 PC로 편집이 잘되는 것이 가장 좋겠지만, 여의치 않다면 스마트폰이나 태블릿 PC로 편집하는 방법도 있습니다. 비용적으로도 가장 부담되는 부분이므로 처음부터 고사양의 PC를 구입할 필요는 없습니다. 갖고 있는 PC에 편집 프로그램을 구동해서 편집해보고 영상 발행 편수가 많아지면 시간 절약이 더 우선되어야 하는 시점에 구입하는 것을 추천합니다.

깔끔한 배경으로 촬영하기 좋은 배경지

실내 촬영을 주로 하는데 배경 정리가 깔끔하게 되어 있지 않다면 배경지 구입을 고려해볼 수 있습니다. 방에서 주로 촬영하는데 정리되지 않은 방이나 가구 등이 배경으로 나온다면 전문성을 어필해야 하는 채널이나 내가 주목받아야 하는 콘셉트의 채널을 운영할 때 도움이 되지 않습니다. 큰 금액을 투자하지 않더라도 배경지를 사용하면 깔끔한 배경에서 촬영할 수 있습니다.

▲ 크로마키 촬영을 위한 배경지 세트(출처 : 유쾌한생각, http://www.plthink.com)

손떨림을 방지해주는 짐벌

짐벌은 영상을 촬영할 때 손떨림을 방지해주는 장치입니다. 스마트폰용과 미러리스용 중 하나를 선택합니다. 외부에서 걸어 다니면서 촬영하는 경우가 많을 때 사용합니다. 손떨림을 방지해줘서 영상의 질이 크게 좋아지지만 짐벌 자체는 운용하거나 휴대하기가 번거로우므로 필요한 경우에만 구매하는 것을 추천합니다. 카메라와 짐벌을 함께 운용하려면 카메라 가방 외에 짐벌 가방을 추가로 더 들고 다닐 수 있어야 합니다.

▲ 미러리스용 짐벌(출처 : 유쾌한생각, http://www.plthink.com)

장소 제약 없이 편집할 수 있는 외장하드

영상을 촬영하면 고용량의 영상 파일이 쌓입니다. 이때 외장하드가 있다면 영상을 분류해서 외장하드에 보관하고 필요할 때마다 연결해서 어느 곳에서나 편집할 수 있습니다. 요즘은 SSD의 가격도 저렴해서 휴대용 SSD를 사용한다면 외장 스토리지 안에서 바로 편집하는 것도 무리가 없습니다.

용량과 읽기/쓰기 속도가 중요한 메모리

카메라를 사용할 때 메모리 용량이나 속도는 매우 중요합니다. 메모리는 용량이 크고 속도가 빠르면 좋지만 처음 영상을 촬영한다면 예산에 맞춰 구입하는 것을 추천합니다. 다만 4K 영상 촬영을 주로 할 예정이라면 적절한 읽기/쓰기 속도가 보장되어야 하고, 4K 영상의 특성상 용량이 매우 크기 때문에 제조사의 설명을 잘 읽고 구매하는 것이 좋습니다.

촬영 장소와 대상에 따라 종류가 다른 삼각대

삼각대는 누군가가 나를 찍어주지 않는 상황에서 꼭 필요한 아이템입니다. 어디에서 촬영을 하든 카메라를 거치해야 하기 때문입니다. 주로 촬영하는 장소에 따라 구입해야 하는 삼각대가 다르고, 무엇을 찍는지에 따라서도 다릅니다. 내가 누군가를 찍어주거나 무언가를 많이 촬영한다면 가격대가 조금 높아도 비디오헤드가 장착된 삼각대가 있으면 편리합니다. 나를 찍는 경우에도 실내에서 고정 촬영을 많이 한다면 적당한 가격의 삼각대를 구입하면 됩니다. 반면에 외부 촬영이 많다면 들고 다녀야 하므로 가볍고 휴대하기 좋은 삼각대를 구입하는 것이 좋습니다. 요즘은 삼각대의 다리가 휘어져서 휴대하기 좋은 미니삼각대도 많이 출시됩니다.

▲ 비디오헤드가 장착된 촬영용 삼각대와 관절이 꺾이는 휴대용 삼각대(출처 : 유쾌한생각, joby.com)

라이브 스트리밍에 필요한 웹캠

유튜브 구독자가 많아지면 라이브 스트리밍도 고려하게 됩니다. 웹캠은 라이브 스트리밍을 할 때 필요한 아이템입니다. 라이브 스트리밍은 보통 PC로 진행하는데, 이때 PC의 카메라보다는 외부 웹캠을

▲ 4K 촬영이 가능한 웹캠(출처 : 로지텍, https://www.logitech.com)

많이 사용하며, 로지텍 웹캠을 주로 사용합니다. 최근에 출시되는 카메라 중에는 웹캠 기능이 있는 카메라도 많으므로 카메라 구입을 고려 중이라면 이런 기능을 확인하고 구입하는 것이 좋습니다.

가장 효과적인 장비 구입 순서

장비의 레벨에 따라 예산은 천차만별이지만 유튜브를 할 때는 가장 적은 돈을 투자하고 큰 효과를 볼 수 있는 장비를 구입하는 것이 좋습니다. 필자는 우선 스마트폰을 사용하면서 마이크 → 조명 → 카메라 순으로 장비를 구입할 것을 추천합니다. 가격 부담은 적지만 효과가 좋은 순서대로 추천한 것입니다. 유튜브에서는 목소리가 중요하므로 마이크를 먼저 구매한 후 운용해보고, 조명을 구입해서 영상의 질을 올린 후 구독자가 늘고 여유가 생기면 카메라를 구입하는 것이 좋겠습니다.

남과 다른 1%
캐릭터 잡기

유튜브 채널을 기획할 때 필요한 캐릭터를 잡아보겠습니다. 캐릭터는 여러 의미를 내포하지만 작은 것 하나하나가 모여서 나의 캐릭터를 완성해줍니다. 캐릭터 없이 나 자신을 직접 보여주려고 계획했다면 캐릭터 잡기가 필요 없다고 여길 수 있지만 여기서 이야기하는 캐릭터는 좀 더 포괄적인 의미입니다. 다음 내용을 읽어보고 어떤 점이 캐릭터 잡기를 의미하는지 좀 더 이해해보기를 바랍니다.

구독률을 높이는 캐릭터 설정

예를 들어 구독자에게 말을 놓을 것인지, 존대를 할 것인지도 캐릭터 설정의 한 부분입니다. 반말하며 시원시원하게 이야기를 전달하는 센 언니 캐릭터가 될 것인지, 존댓말을 쓰며 조목조목 정보를 전달해주는 정보 전달형 캐릭터가 될 것인지를 미리 정하는 것입니다. 반말과 존댓말 외에도 형, 누나처럼 이야기할 것인지, 동생처럼 말할 것인지, 혹은 아나운서처럼 진행할 것인지, 개그맨처럼 재미를 줄 것인지 등을 미리 설정해두는 것이 좋습니다. 캐릭터를 정해두고 진행하다 보면 캐릭터를 바꾸는 게 쉽지 않다는 것을 알 수 있는데, 계속 존댓말로 채널을 진행하던 사람이 갑자기 반말을 하면 어색할 수밖에 없기 때문입니다.

남들과 다른 캐릭터로 채널을 시작하면 시청자가 내 채널을 시청하게 되었을 때 뭔가 다르다는 느낌에 끌려서 구독하게 되는 경우도 많습니다. 이제부터 확실하게 다른 캐릭터를 잡아서 구독률을 높이는 방법, 즉 캐릭터를 설정하는 방법을 알아보겠습니다.

캐릭터에 콘셉트를 더하는 방법

나에 대한 정보를 나열하고 그중에서 한두 개를 골라 확장해가면서 캐릭터를 설정해봅니다. 예를 들어보겠습니다.

- 대한민국 사람
- 남성
- 군필
- 말을 잘함
- 해외 거주

위 기준에 따라 여러 가지 캐릭터를 만들 수 있습니다. 예를 들어 대한민국 사람이라는 점을 부각해서 '대한건아'라는 채널을 만들어 해외 시청자를 대상으로 하는 채널을 만들거나 군필이라는 점을 부각해서 '예비역 강차분'이라는 채널을 만들어 군대 이야기 또는 군대를 다녀온 쾌남형 캐릭터를 만들 수도 있습니다. 해외에 산다는 점을 부각한다면 '하와이강'이라는 채널을 만들어 한국 사람에게 해외 이야기를 전달하는 캐릭터를 만들 수 있습니다. 말을 잘하는 점을 이용한다면 '할 말은 하고 사는 강차분'이란 채널을 만들어 할 말 다하고 사는 사이다 캐릭터를 만들 수도 있습니다.

이렇게 하나의 캐릭터를 잡고 그 위에 콘셉트를 얹어 나만의 캐릭터를 만들어봅니다. 해외에서 사는 이야기를 하는 캐릭터인데, 자유분방하고 할 말 다 하는 캐릭터 혹은 해외에서 활달하게 외국인을 인터뷰하는 남자, 외국인을 타깃으로 한 한국어 강사 등으로 채널을 운영할 수도 있습니다. 기본 콘셉트에 하나의 콘셉트를 더 얹으면 세상에 하나뿐인 나만의 캐릭터를 만들 수 있습니다. 캐릭터를 만들 때는 내 캐릭터에 대한 하나의 주제를 잡고 그 위에 한두 개의 콘셉트를 더 얹어서 캐릭터를 만들어봅니다. 물론 나는 나로서 가장 좋은 캐릭터이지만 사소한 말투, 복장, 인사말, 클로징 멘트 등이 모두 모여 나만의 캐릭터를 만들 수 있습니다.

강차분PD의 나는 유튜버다!

나만의 캐릭터 설정이 중요한 이유

유튜브를 시작한다면 나만의 캐릭터를 잡아봅시다. 캐릭터가 특별하면 시청자는 내 채널이 다른 채널과 다르다고 느낄 수 있고 구독할 가능성도 커집니다. 남보다 조금 더 유리하게 유튜브 채널을 시작할 수 있습니다.

나만의 유일한 채널명 만들기

채널명을 만들 때 고려할 사항

채널명을 정하는 것은 쉽다면 쉽고 어렵다면 어려운 일입니다. 누군가는 고민 없이 쉽게 지은 채널명으로 많은 구독자를 모으고, 누군

▲ 〈강차분PD〉 채널 메인 페이지

가는 자신의 채널을 한번에 잘 드러낼 수 있는 채널명을 짓기도 합니다. 채널명을 지을 때 우선으로 고려해야 할 것은 한 번 들었을 때 쉽게 기억할 수 있는지, 내 채널의 아이덴티티를 잘 표현하고 있는지, 유튜브 내에 같은 채널명이 없는지, 짧고 간결한지 등과 같은 요소입니다.

필자의 채널명인 '강차분PD'는 필자의 성인 강씨에, 차분한 성격의 PD라는 의미를 더해 만들었습니다. 채널명만 들어도 어떤 성향일지, 무엇을 하는 사람인지 알 수 있고 특이한 이름으로 인해 기억하기도 쉽습니다. 또한 채널명과 활동명을 시청자가 한번에 인식할 수 있다는 장점이 있습니다.

유튜브에 같은 채널명이 있다면 채널명을 바꿔야 할까?

이와 같은 점을 고려해서 채널명을 정해보고, 유튜브에 같은 채널명이 있는지 알아봐야 합니다. 내가 원하는 쉽고 잘 인지되는 채널명은 누군가에 의해 선점된 경우가 많습니다. 채널명을 정하고 유튜브에 검색해보면 채널명이 이미 있는지 알 수 있습니다. 같은 채널명이 있다고 해서 바로 포기할 일은 아닙니다. 그 채널보다 더 유명해질 수 있을지를 가늠해보고 사용 여부를 결정합니다.

재미있는 이야기를 들은 적이 있는데, 지금은 유명 유튜버인 까레라이스 님은 채널 개설 후 10만 명 이상의 구독자가 모일 때까지 카레라이스 요리에 밀려서 채널명 검색으로는 본인 채널이 검색되지 않았다고 합니다. 지금이야 한 번 들으면 잊지 못하는 좋은 채널명이 되었지만 당시에는 고민되었을 것입니다.

> 채널명을 짓고 미리 유튜브에 검색해본다면 적어도 내 채널명이 검색되지 않는 상황은 예방할 수 있습니다.

클릭을 부르는 섬네일

유튜브를 운영할 때 중요한 것 중 하나가 섬네일입니다. 단 한 장의 섬네일을 통해 내가 만든 영상에 어떠한 내용이 있는지, 얼마나 재미있는지를 보여줄 수 있어야 합니다. 아무리 유명 유튜버라고 해도 섬네일은 단 한 장밖에 사용하지 못하므로 누구와 경쟁하더라도 이 경쟁에서만큼은 공평하게 싸울 수 있습니다.

> 하루에도 수많은 유튜브 추천 영상을 마주하지만 그중 클릭하고 시청하는 유튜브 영상은 고작 몇 개에 지나지 않습니다.

영상의 클릭률은 2~10% 내외인데, 이는 10개의 영상이 노출되었을 때 시청자가 내 영상을 클릭할 확률은 한 번 미만이라는 이야기입니다. 클릭률을 가장 많이 좌지우지하는 부분이 바로 섬네일입니다. 제아무리 좋은 영상을 만들었다 하더라도 섬네일이 부족하다면 클릭을 받기 어렵습니다. 기본적으로 좋은 평가를 받는 섬네일에 관해 이야기해보겠습니다.

궁금증을 유발하는 섬네일

좋은 섬네일은 시청자의 궁금증을 유발해서 영상을 클릭할 수 있게 만들어줍니다. 섬네일은 영상의 내용 중 가장 궁금해할 만한 부분을 부각할 수 있어야 합니다. 중요한 부분을 모자이크 처리하거나 중요한 장면 직전에 캡처해서 섬네일을 만드는 방법도 있습니다. 결정적인 장면 직전을 보여주는 이유는 궁금증 유발에 있습니다.

물론 영상에서 캡처해서 섬네일을 만드는 방법보다 미리 섬네일을 구상하고 이미지를 따로 찍어두는 것이 좋지만, 영상의 재미있는 장면이 있다면 섬네일로 적극 활용하는 것이 좋습니다. 평소에 궁금하지 않던 이야기도 섬네일을 본 후 궁금하게 할 수 있다면 성공한 섬네일이라고 할 수 있습니다.

Before&After 이미지를 활용한 섬네일

결과물을 보여주는 영상은 Before&After를 활용하는 것이 좋습니다. 뷰티 채널이라면 화장 전후를 보여줄 수 있고, 만들기 채널이라면 잘 만들어낸 결과물을 보여주는 것도 좋은 방법입니다. 규모가 있는 인테리어 공사를 진행할 때도 공사 전후를 보여주면 좋은 섬네일을 만들 수 있습니다. 이때 궁금증 유발을 위해서 충격적인 Before 이미지를 보여주고 After 이미지는 모자이크하는 방법도 사용해볼 수 있습니다.

문구를 최소화한 섬네일

해외 채널은 섬네일에 많은 정보나 문구를 사용하지 않는 경우가 많습니다. 영상의 하이라이트 부분이나 결정적인 장면을 캡처해서 섬네일로 사용하는데, 유튜브 채널에서 해외 시청자를 타깃으로 하는 영상을 기획한다면 섬네일에 한글을 많이 사용하지 않는 것도 방법입니다.

영상의 추가 정보를 담은 섬네일

영상에서 꼭 전달하고자 하는 메시지나 정보가 있을 때, 영상의 제목만으로 내용을 전달하기 어렵다면 섬네일에 추가적인 정보를 담을 수도 있습니다. 이때는 '내 영상을 클릭하면 이런 정보를 얻을 수 있다'는 점을 부각하는 것이 좋습니다.

강차분PD의 나는 유튜버다!

섬네일을 만들 때 고려할 요소

- 섬네일의 해상도는 1280×720px입니다. 하지만 1920×1080px로 업로드해도 관계없습니다.
- 글씨 크기는 모바일에서 확인해보고 잘 보이는 크기로 설정하는 것이 좋습니다.
- 채널의 영상이 모두 일관된 톤앤매너를 유지해야 한다면 섬네일도 일관성 있게 제작하는 것이 좋습니다.

깔끔한 채널아트 만들기

채널아트는 시청자가 채널을 클릭할 때 최상단에 가장 먼저 보이는 이미지입니다. 채널아트가 없더라도 유튜브 채널을 만들 때 아무런 문제가 되지 않지만 이왕이면 채널아트부터 설정을 마친 후에 유튜브를 개설하면 좋습니다.

요즘 유튜브 구독자는 영상은 시청해도 굳이 구독은 하지 않는 추세입니다. 구독률을 높이려면 채널이 전체적으로 한 가지 콘셉트를 유지하는가, 어느 수준 이상의 퀄리티를 보여주는가 등이 중요한데 이때 채널아트의 유무 및 채널아트와 채널의 콘셉트가 일치하는지 등은 구독 전환율을 높이는 데 많은 도움이 됩니다. 디자인에 재능이 없다면 채널아트에는 심플하고 깔끔하게 한 줄의 슬로건만 표시해주어도 좋습니다. 본인의 디자인 능력이 부족하다면 크몽(www.kmong.com) 같은 곳에서도 채널아트를 저렴하게 제작해주기도 하므로 활용해봅니다. 채널아트는 너무 조잡해 보이지 않도록 깔끔한 콘셉트를 유지합니다.

유튜브 영상 제목 정하기

영상 제목을 잘 지어야 유튜브도 잘된다

채널의 콘셉트 등 유튜브 채널 운영에 필요한 모든 것이 정해졌습니다. 이제 첫 영상을 올려야 하는데, 그 전에 영상 제목을 정해야 합니다. 과장을 조금 보태면 제목을 잘 짓는 것이 유튜브가 잘되는 방법의 50% 이상을 차지한다고 해도 과언이 아닙니다. 유튜브라는 시험장에서 영상 제목과 섬네일만으로 서류 심사에 통과해야 하기 때문입니다. 제목과 섬네일에서 탈락한다면 실제 면접(시청)까지 갈 수도 없습니다.

하나의 영상을 만들었다면 수십 개의 제목을 떠올릴 수 있을 것입니다. 예를 들어 고양이가 귀엽게 자는 영상을 찍었다면 당장 떠오르는 제목도 다양합니다.

- 고양이가 귀엽게 자는 영상

- 고양이가 잘 때 찍어봤다
- 귀여움 끝판왕 새끼 고양이 자는 모습
- 이런 곳에서 고양이가 자는 이유는?

이렇게 여러 가지 제목을 지어보고 주변 사람들에게 어떤 제목이 가장 클릭하고 싶은지를 물어보는 것도 좋습니다.

영상 제목을 지을 때 고려해야 할 사항

영상 제목을 지을 때 고려해야 할 몇 가지 사항을 살펴보겠습니다.

영상에 대한 궁금증을 불러일으키는 제목

반드시 피해야 할 제목은 1차원적인 제목입니다. 영상의 사실을 그대로를 말해주는 '고양이가 귀엽게 자는 영상'과 같은 제목은 이미 영상의 내용을 제목에서 모두 말하기 때문에 어떤 궁금증도 유발하지 못하고, 클릭을 많이 받기도 어렵습니다. 시청자는 제목을 보고 이미 영상에 대한 궁금증을 어느 정도 해결해버립니다. 따라서 영상의 제목을 정할 때 시청자의 궁금증을 불러일으킬 수 있을 만한 제목 짓기 연습을 해보면 좋습니다. 가장 좋은 제목은 영상의 제목을 봤을 때 궁금증이 솟구치는 제목입니다.

검색 반영에 유리한 제목

키워드가 적절히 포함된 제목을 정하는 것이 중요합니다. 유튜브의 검색 알고리즘은 제목의 영향을 가장 많이 받습니다. 태그도 영향을 끼치긴 하지만 제목이 검색에 가장 잘 반영되는 편입니다. 검색으로 유입되길 원하는 키워드를 앞쪽으로 배치할 수 있도록 제목을 정하는 것이 좋습니다. 뒤에 배치해도 검색이 잘되긴 하지만 구글에서는 앞쪽으로 배치하는 것이 조금 더 검색에 유리합니다.

영상의 노출은 기본적으로 영상의 시청 시간과 조회수 등 여러 가지 요소를 반영하지만 해당 검색어로 검색되는 영상이 별로 없다면 내 영상이 검색 노출될 확률은 대단히 높습니다. 따라서 제목을 정하기 전에 미리 유튜브에 여러 키워드를 섞어서 검색해보고 해당 키워드를 가진 제목이 많은지, 조회수는 어떤지 등을 미리 가늠해보는 것이 중요합니다.

강차분PD의 나는 유튜버다!

유튜브에서 제목 검색하기

기억하세요. 검색 유입을 목적으로 한다면 제목을 짓고 반드시 유튜브에 검색해봅시다.

유튜브에서 자주 찾는 검색어를 반영한 제목

요즘 유튜브에서 어떤 검색어를 많이 입력하는지를 알아보는 방법이 있습니다. 구글에서 제공하는 구글 트렌드에 접속하면 해당 키워드의 검색 추이를 알 수 있습니다.

LINK 키워드 검색과 관련된 자세한 내용은 '키워드 선정하고 검색량 확인하기' 156쪽을 참고합니다.

▲ 구글 트렌드(https://trends.google.com)

네이버 데이터랩을 활용하는 방법도 있습니다.

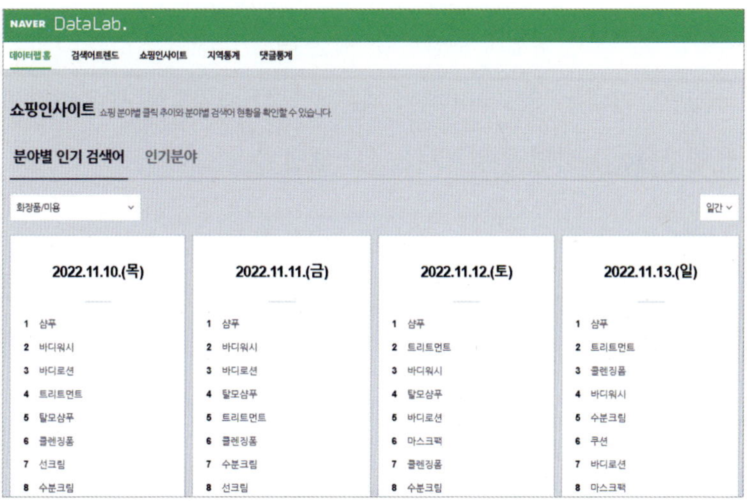

▲ 네이버 데이터랩(https://datalab.naver.com)

두 사이트에서 영상 제목의 키워드 검색량을 체크해봅니다. 관련 키워드나 주제 등의 소스를 얻을 수도 있습니다.

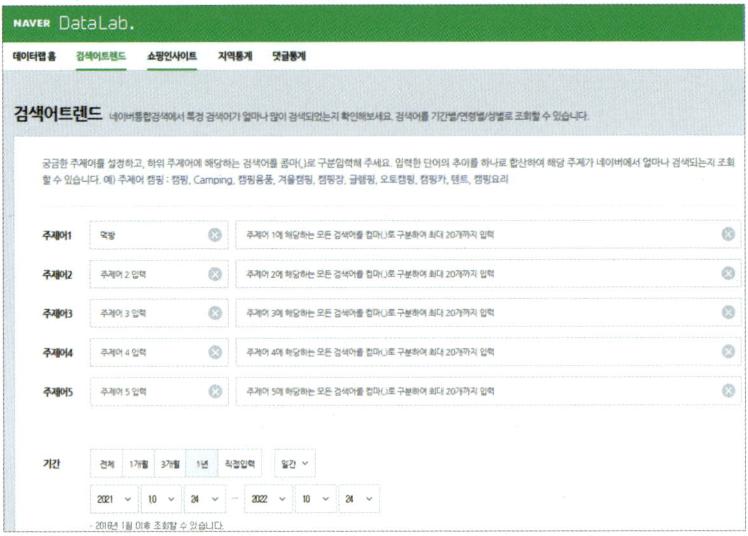

▲ 네이버 데이터랩 검색어트렌드

유튜브에 제목의 주제를 입력해보고 자동 완성에 추천되는 연관 검색어를 살펴보는 방법도 있습니다. 자동 완성이 된다는 것은 그만큼 검색량이 많다는 것을 의미하기 때문에 해당 키워드를 서로 조합해서 영상을 만든다면 좋은 제목을 생각해낼 수 있습니다.

▲ 유튜브 연관 검색어(출처 : 유튜브, https://www.youtube.com)

편집으로 영상을 더 재미있게 만들자

영상의 재미를 객관적으로 판단하라

필자가 영상을 편집할 때 가장 중요하게 여기는 것은 스스로 영상을 객관적으로 볼 수 있는지 여부입니다.

고민에 고민을 거듭해 만들어낸 영상은 한 컷 한 컷이 아깝고 버리기 힘들겠지만 객관적으로 내 영상을 보는 눈을 길러서 재미없는 부분을 덜어내는 것이 편집의 기본입니다. 재미있는 것만 남을 때까지 덜어내면 편집이 끝납니다. 어렵게 하려면 한없이 어렵지만 쉽게 생각하고 시작하면 간단한 작업입니다. 내 영상의 재미를 객관적으로 판단하기 어렵다면 주변에 물어보는 것도 한 방법입니다. 정확하게 어느 부분이 재미없고 지루한지 알아보고 이후의 편집 단계에서 정리합니다. 편집에 얼마나 공을 들일 것인지는 본인의 판단이지만 가장 기초 단계인 컷 편집 정도는 알고 있어야 유튜브 채널을 운영할 때도 도움이 됩니다.

필자는 다음과 같은 순서대로 편집하는 편인데 영상의 종류에 따라 흐름은 바뀔 수 있습니다.

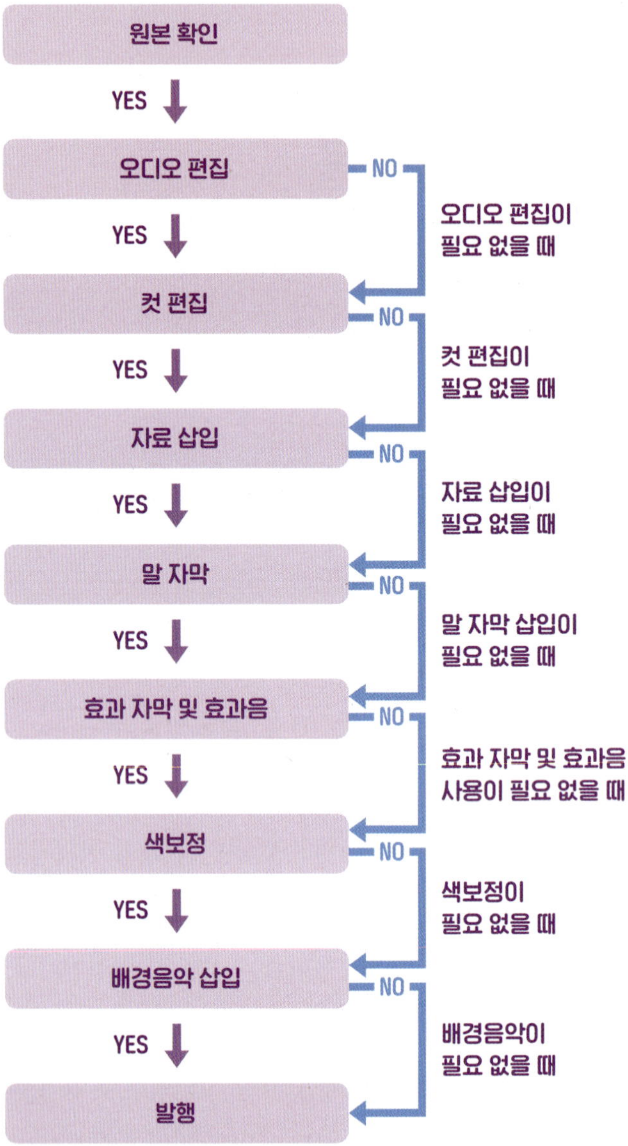

▲ 필자가 사용하는 편집 흐름도

영상 편집 과정 살펴보기

오디오 편집

명료하지 않게 녹음된 오디오를 좀 더 잘 들리도록 보정하거나 잡음 등을 정리하는 편집 단계입니다. 촬영 시 녹음에 신경 쓴다면 거의 필요하지 않은 과정입니다.

컷 편집

하나 또는 하나 이상의 영상에서 필요 없는 부분을 잘라내고, 순서를 변경해 필요한 부분만 남김으로써 하나의 영상으로 이어 붙이는 작업을 말합니다. NG 장면을 잘라내는 것부터 시작해서 필요한 부분만 남깁니다. 영상을 촬영할 때는 필연적으로 NG 장면이 발생하는데 그 부분을 덜어내는 작업입니다. 다음으로는 순서를 재배치합니다. 영상의 흐름대로 하나의 파일로 촬영했다면 불필요한 작업일 수도 있지만 여러 개의 파일로 나눠서 찍은 영상을 하나의 파일로 만들려면 이 과정이 필요합니다. 가장 간단하게 편집하려면 이 정도 과정에서 마무리할 수도 있습니다.

자료 삽입

설명이 좀 더 필요한 영상에서 사진, 다른 영상 등 필요한 자료를 더 삽입하는 단계입니다.

자막

영상에 기본 자막이나 효과 자막 등을 추가하는 단계입니다.

LINK 자막과 관련된 자세한 내용은 '영상에 자막을 넣어야 하는 이유' 132쪽을 참고합니다.

색보정

원하는 색감을 얻기 위해 전체적으로 영상의 밝기, 대비, 색감 등을 조절하는 편집 단계입니다. 촬영할 때 신경 써서 촬영한다면 편집 과정에서 이 부분을 건너뛸 수도 있습니다.

배경음악 삽입

영상에 배경음악을 삽입하는 단계입니다. 영상에 원하는 느낌을 주기 위해서 배경음악을 넣거나 특정 상황에 효과음을 넣을 수도 있습니다. 통상적인 유튜브 편집은 이 정도의 단계를 거치면 거의 완성된다고 볼 수 있습니다.

일반적으로 배경음악이나 효과음은 저작권이 걸려 있기 때문에 자유롭게 사용하기 어렵습니다. 이를 해결해주기 위해서 유튜브에는 자체적으로 유튜브 스튜디오 내에 배경음악과 효과음을 오디오 보관함에 모아두었습니다. 유튜브 영상 내에 자유롭게 삽입할 수 있는 여러 배경음악과 효과음이 많으니 꼭 이용해보길 추천합니다.

▲ 유튜브 스튜디오 내 오디오 보관함

유튜브 내 오디오 보관함에서도 원하는 음악을 찾기 어렵다면 음원과 효과음을 유료로 사용할 수 있도록 도와주는 사이트가 많으니 이용해 보는 것도 좋습니다.

▲ 음원과 효과음의 유료 구독 서비스 아트리스트(출처 : artlist.io)

앞서 열거한 단계들은 그리 어려운 편집 기법이 아니므로 유튜브에서 튜토리얼을 찾아보거나 책을 참고해가며 편집을 연습해보면 나에게 어떤 부분이 더 필요한지 알 수 있을 것입니다.

강차분PD의 나는 유튜버다!

편집을 잘하려면 영상 기획부터 제대로 계획해야 한다

필자는 편집을 잘하고 싶다면 영상 기획부터 잘하라고 말합니다. 어떤 장면을 찍어서 어떻게 편집하겠다는 계획을 미리 세우고 촬영한다면 촬영 과정에서 미리 원하는 장면을 다 찍을 수 있고, 이 장면을 순서대로 배치하면 편집이 잘 나올 수밖에 없습니다. 항상 편집은 마무리 포장 단계라고 생각해야 합니다. 애초에 재미없는 영상을 찍었는데 편집으로 재미있게 만들려고 생각을 하는 것보다 영상을 재미있게 찍어서 재미없는 부분을 살짝 덜어내는 것이 중요합니다. 훌륭한 요리사가 형편없는 고기로 요리하는 것보다 최상의 고기에 간단히 소금 간만 해서 요리하는 것이 훨씬 맛있는 요리를 만들 수 있는 것과 같습니다.

영상에 자막을 넣어야 하는 이유

영상에 자막을 넣는 것은 상당히 번거롭고 귀찮은 작업이지만 자막을 넣었을 때의 장점이 많으므로 시간적 여유가 된다면 영상에 자막을 넣어주는 것이 좋습니다. 대중교통을 이용하거나 조용한 환경 등에서 유튜브 영상을 볼 때는 소리를 켜고 유튜브를 시청할 수 없는 환경인 경우가 많습니다. 따라서 영상에 자막을 넣어둔다면 시청자가 오랜 시간 영상을 시청할 확률이 높아집니다.

자막을 넣는 방식에는 크게 두 가지가 있습니다. 편집 프로그램을 이용해서 영상에 자막을 직접 넣는 방법과 유튜브에서 지원하는 CC 기능을 이용하는 방법입니다.

영상에 자막을 직접 넣는 방법은 프리미어 프로, 파이널 컷 등의 편집 프로그램을 이용해 편집 과정에서 직접 영상 위에 자막을 넣는 방법입니다. 많은 유튜버가 이 방법을 사용합니다. 유튜브 영상을 시청할 때 자막 버튼을 따로 켜지 않아도 직관적으로 자막을 보여줄 수 있으므로 시청자가 보기 편하다는 장점과 여러 가지 디자인을 이용해서 자막을 보기 좋게 꾸밀 수 있다는 장점이 있습니다. 다만 편집 프로그램을 이용해야 하므로 자막 작업에 시간이 오래 걸리고 자막을 잘못 올린 경우 수정이 어렵다는 단점이 있습니다.

유튜브에서 지원하는 자막 기능을 이용해서 자막을 넣으면 시청자가 자막을 켜고 끌 수 있으며, 자막 제공자가 지원하는 경우에 따라 여러 나라의 언어를 선택할 수 있습니다. 자막의 크기, 투명도, 색상 등도 변경할 수 있습니다. 해외 구독자에게 익숙한 방식으로 여러 나라의 언어를 제공하기 편리하다는 점, 차후 수정도 쉽다는 장점이 있습니다. 다만 자막 기능이 익숙하지 않은 시청자가 자막 켜는 방법을 알지 못하면 자막 없이 영상을 시청할 확률이 있습니다.

▲ 유튜브 자막 기능을 사용한 경우(출처 : 유튜브 크리에이터, https://www.youtube.com/@youtubecreatorskorea)

영상에 자막을 입력했을 때 얻을 수 있는 긍정적인 효과는 영상 시청 지속 시간이 늘어난다는 것입니다.

자막이 있는 영상은 좀 더 집중이 잘되기 때문에 시청 시간이 길어집니다. 말솜씨가 조금 부족하거나 발음이 부족한 경우에도 자막으로 보완할 수 있는 장점도 있습니다.

강차분PD의 나는 유튜버다!

자막을 꼭 추가해야 할까?

자막 추가는 많은 시간이 필요하기 때문에 자막 없이 더 많은 영상을 올리는 것이 이득일 수 있는데, 실제로 그렇게 하는 크리에이터도 많습니다. 선택은 여러분의 몫이니 채널에 맞게 판단해보기를 바랍니다.

영상 설명은 첫 세 줄이 중요하다

영상의 제목에 이어 중요한 부분은 영상 설명에 있습니다. 물론 간략하게 작성해도 높은 조회수를 보여주는 영상이 있지만 영상 설명 역시 검색 결과에 영향을 미치는 요소이니만큼 신경 써서 작성해봅니다. 영상 설명은 [더보기]를 클릭하지 않는 이상 많은 내용이 노출되지 않습니다.

[더보기]를 클릭하면 타임라인 이동이나 특정 키워드 등 자세한 정보를 넣어둔 것을 확인할 수 있습니다. 영상 설명의 첫 줄 안에는 호기심을 자극할 수 있는 설명과 키워드를 배치한 후 [더보기]를 클릭했을 때 기타 자세한 정보나 링크 등이 노출되도록 작성합니다. 처음 몇 줄의 내용은 PC 버전 유튜브 동영상 리스트에도 함께 노출되므로 앞부분에 영상의 내용을 잘 요약해줍니다.

영상 분류에 맞게 태그 설정하기

영상을 업로드한 후에는 태그를 설정할 수 있습니다. 태그는 총 15개까지 유튜브에서 인정하기 때문에 더 많이 넣는 것은 의미가 없습니다. 최초 세 개의 태그는 영상 본문에 '#강차분'과 같은 방식으로 입력할 수 있으며, 그 외의 태그는 태그란에 입력해줍니다. 영상의 내용과 관계없는 태그를 넣는 것은 유튜브 정책에 위반하기 때문에 태그를 적을 때는 영상과 관련 있는 내용만 적는 것이 좋습니다.

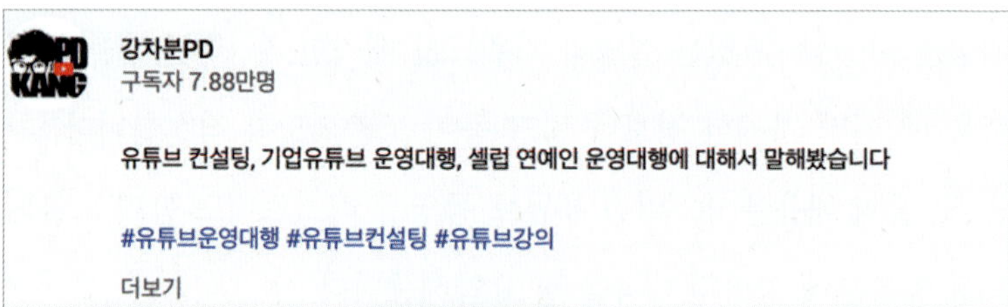

▲ 태그를 본문에 작성하면 세 개까지 설명란에 노출된다.

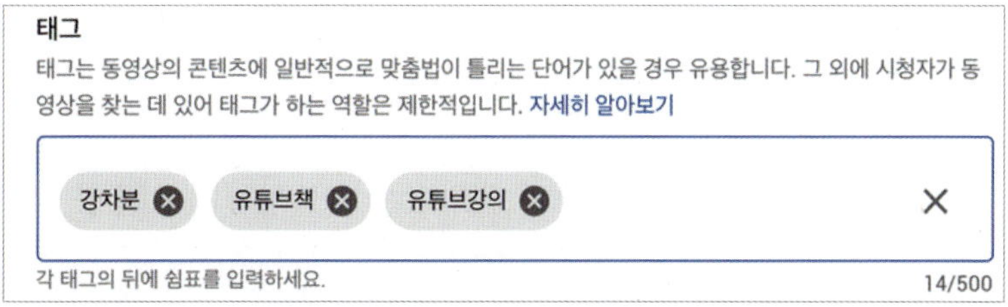

▲ 영상 업로드 시 태그 입력(출처 : 유튜브 스튜디오)

유튜브에서 강조하듯이 태그가 영상의 검색 결과에 미치는 영향은 제한적입니다. 영상의 분류에 맞는 내용을 입력하는 정도로만 활용합니다.

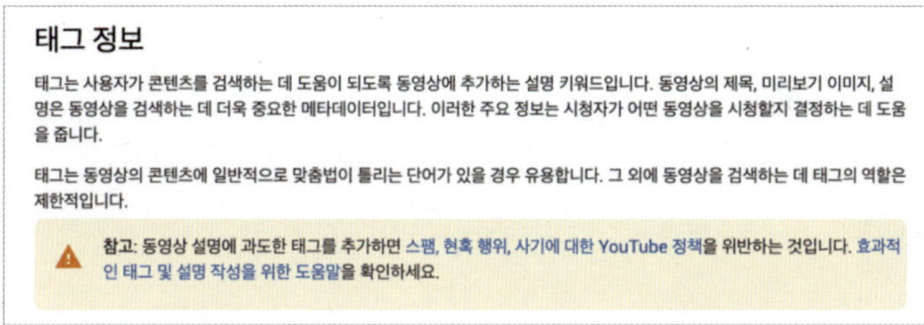

태그 정보

태그는 사용자가 콘텐츠를 검색하는 데 도움이 되도록 동영상에 추가하는 설명 키워드입니다. 동영상의 제목, 미리보기 이미지, 설명은 동영상을 검색하는 데 더욱 중요한 메타데이터입니다. 이러한 주요 정보는 시청자가 어떤 동영상을 시청할지 결정하는 데 도움을 줍니다.

태그는 동영상의 콘텐츠에 일반적으로 맞춤법이 틀리는 단어가 있을 경우 유용합니다. 그 외에 동영상을 검색하는 데 태그의 역할은 제한적입니다.

참고: 동영상 설명에 과도한 태그를 추가하면 스팸, 현혹 행위, 사기에 대한 YouTube 정책을 위반하는 것입니다. 효과적인 태그 및 설명 작성을 위한 도움말을 확인하세요.

▲ 유튜브 내 태그의 용도(출처 : 구글 고객센터, https://support.google.com)

CHAPTER 03

유튜브 채널을 만들고 나서 해야 할 것들

채널을 만들었으니 본격적으로 채널 운영을 해야 할 시간입니다. 알고리즘 이해, 세이브 영상, 키워드 선정, 추천 영상 등 채널을 운영할 때 알고 있으면 좋은 내용을 살펴보겠습니다.

유튜브 알고리즘으로 영상이 노출되는 방법을 이해하자

흔히 '유튜브 알고리즘의 선택을 받아야 한다'는 이야기를 하곤 하는데 이 알고리즘이란 무엇이고, 어떤 식으로 작동하는지 알아보겠습니다. 유튜브 알고리즘을 제대로 이해한다면 어떤 영상을 만들어야 할지 감을 잡을 수 있습니다.

유튜브 알고리즘은 무엇일까

알고리즘은 어떤 문제를 해결하기 위한 절차 자체를 말합니다. 컴퓨터뿐만 아니라 사람의 행동을 예측하거나 어떤 문제를 해결할 때 적용할 수 있는 개념입니다.

필자는 초등학생 때 GW-BASIC이라는 컴퓨터 프로그램을 잠깐 배운 적이 있습니다. 이 프로그래밍 언어를 공부하면서 배운 알고리즘 개념은 지금까지도 어떤 문제가 생겼을 때 해결하는 데 큰 도움이 됩니다. 알고리즘이란 주어진 문제의 해결 방법을 우선 도식화해 그려

보고 문제를 해결할 때 비슷한 방법을 사용해보는 것입니다. 문제 해결 방법을 도식화해보면 가장 합리적이고 효율적인 과정으로 해결 방법을 찾을 수 있습니다. 예를 들어 '고양이에게 사료를 준다'는 과정은 다음과 같은 단계로 생각해볼 수 있습니다.

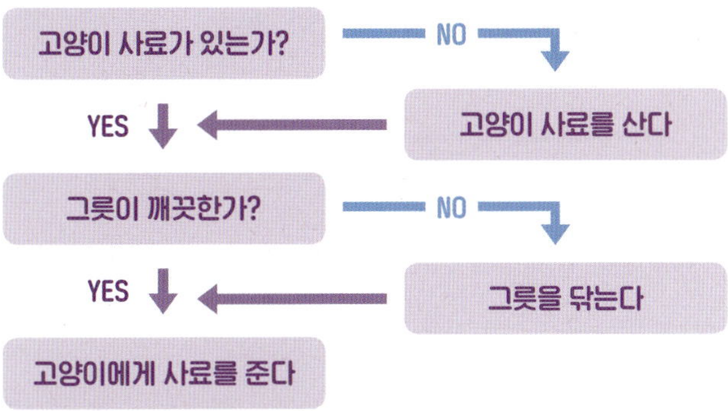

▲ 고양이에게 사료를 주는 단계

알고리즘은 어떤 과제가 주어지면 그 결과를 도출하기 위한 문제를 미리 생각하고 그 방향으로 맞게 나아가기 위한 최적의 방법을 계산합니다. 이를 통해 유튜브 알고리즘이 영상을 어떻게 노출할 것인지를 간략히 생각해볼 수 있습니다. 예를 들어 고양이라는 제목과 태그가 달린 영상을 업로드했다면 유튜브 알고리즘은 이 영상이 고양이와 관계가 있는 영상인지를 판단하기 위해 '고양이 영상을 시청자에게 노출하는 단계'와 같은 작업을 수행할 것입니다.

이 과정을 한 명의 시청자에게만 테스트하면 정확도가 낮겠지만 여러 시청자에게 테스트해서 정확도를 높여가다 보면 영상에 고양이가 등장한다는 것을 확실하게 알아낼 수 있습니다. 이런 방식으로 여러 명제를 복합해서 수집하다 보면 영상의 내용이나 카테고리, 영상의 퀄리티 등 많은 정보를 분류할 수 있습니다.

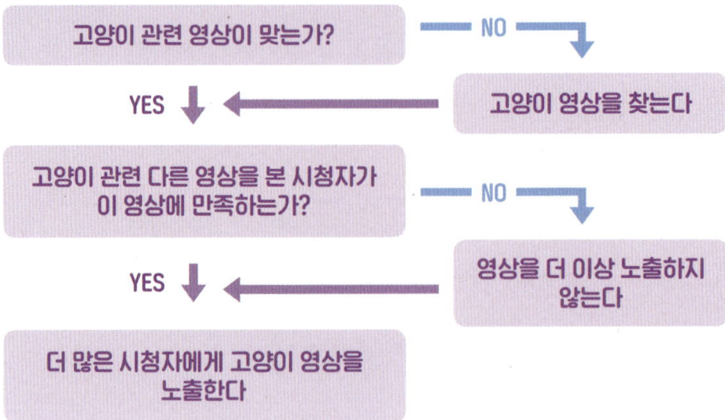

▲ 고양이 영상을 시청자에게 노출하는 단계

영상 노출 순서

알고리즘에 의해 하나의 영상이 노출되는 순서를 간략하게 설명하면 다음과 같습니다.

- 첫 분류
- 영상의 제목, 카테고리, 설명 등을 기반으로 영상 분류
- 작은 규모로 노출(또는 구독자에게 노출)
- 반응 수집
- 영상 재분류(카테고리 확장)
- 재분류한 카테고리를 기준으로 맞춤 구독자에게 노출
- 반응 수집
- 영상 재분류(카테고리 확장)

이 알고리즘을 고양이 영상에 대입하면 다음과 같은 과정을 계속 반복하게 됩니다. 다음 단계로 나아갈수록 더 많은 부류의 사람을 만족시켜야 하는데, 시청자를 만족시키지 못한다면 다음 단계 이상의 노출이 중단됩니다. 따라서 알고리즘의 도움 없이는 좋은 조회수를 얻기가 쉽지 않습니다.

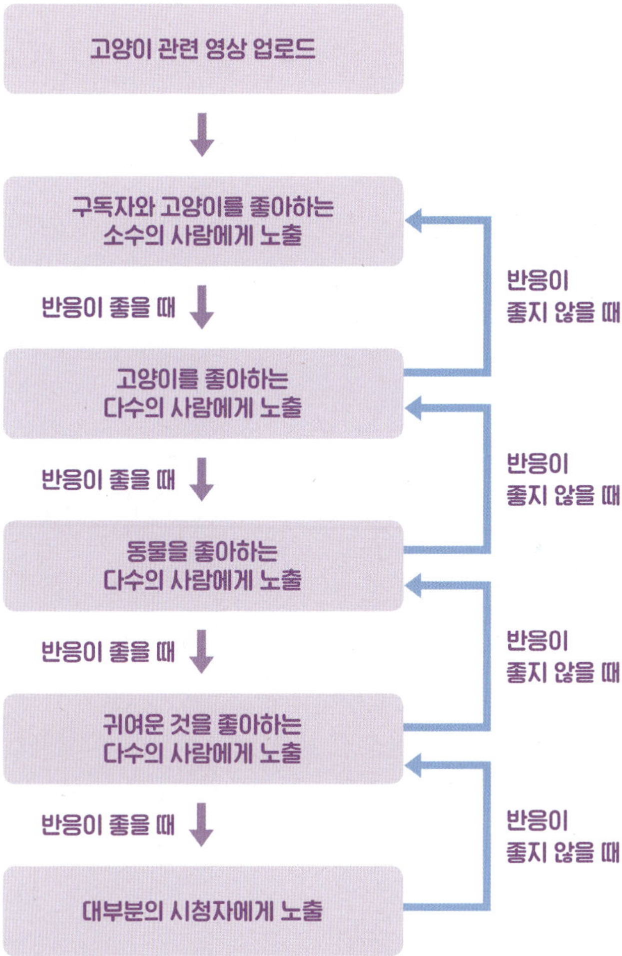

▲ 고양이 영상의 노출 알고리즘

필자는 한 가지 노출 방식만을 설명했는데, 실제로 이런 검증은 수십, 수백 개의 방식이 복합적으로 진행됩니다. 역으로 시청자의 입장에서도 구글에 데이터를 제공하기 때문에 시청자의 시청 패턴 또한 다른 유튜버의 영상에 영향을 미칩니다. 유튜브에서는 시청자의 시청 패턴을 수집한 후 시청자가 시청했거나 시청하지 않은 영상의 호응도와 내용을 빅데이터를 이용해 판단하고 영상의 노출 정도를 결정합니다. 내가 만든 영상이 시청자를 만족스럽게 한다면 유튜브는 더 많은 시청자에게 이 영상을 시청할 수 있도록 노출해준다는 것입니다. 따라서 시청자를 만족시키고 내 영상을 오래 시청하게 만드는 것이 가장 중요합니다.

첫 영상을 업로드하기 전에 세이브 영상을 확보하자

책을 여기까지 읽었다면 채널 기획이나 영상에 대한 기획이 어느 정도 머릿속에 완성되었을 것입니다. 이제 첫 영상을 올려야 합니다. 다만 영상을 만들었다고 해서 영상을 바로 업로드하면 안 됩니다. 채널 기획에서 몇 가지의 제목을 먼저 정해본 것처럼 적어도 영상 업로드 주기에 맞춰 2~4개 정도의 세이브 영상을 미리 촬영한 후 영상을 업로드하는 것을 추천합니다.

세이브 영상을 준비해야 하는 이유

추가 촬영본, 즉 세이브 영상을 미리 촬영해서 갖고 있어야 하는 이유를 알아보겠습니다.

처음 만든 영상의 퀄리티를 점검할 수 있다

영상을 하나만 만들었을 때는 이 영상을 잘 만들었는지, 영상의 퀄리티가 좋은지 등을 판단하기 어렵습니다. 미리 다섯 개 정도의 영상을 찍어보면 영상의 부족한 점이 무엇인지 확인할 수 있고, 제일 처음 만든 영상을 다시 돌아보는 시간도 가질 수 있습니다.

업로드 시기에 쫓기지 않아 마음의 여유를 가질 수 있다

채널을 운영할 때 중요한 점은 꾸준함입니다. 하나의 영상을 만들고 바로 업로드하게 되면 다음 영상 업로드 시기에 항상 쫓기게 됩니다. 마음이 조급하게 되면 더 좋은 아이디어도 떠오르지 않을 뿐더러 편집 역시 대충 하게 되므로 이때 세이브 영상이 있다면 마음 편히 더 좋은 영상을 찍기 위해 노력할 수 있습니다.

> 세이브 영상은 이미 편집이 완료된 편집본 영상 1~2개와 그 2배 정도의 촬영본 정도면 충분합니다.

예를 들어 2~4개의 영상을 찍고 그중 가장 나은 것 두 개를 골라 편집한 후 한 개를 업로드하면 하나의 영상이 세이브 영상으로 남습니다. 다시 편집이 완료된 개수만큼 촬영해두고 또 다른 영상을 두 개 더 편집한 후 업로드할 영상을 정해서 하나를 업로드하면 다시 두 개의 세이브 영상을 확보할 수 있습니다. 물론 이렇게까지 영상의 편집본이나 촬영본을 미리 준비하기는 쉽지 않지만 몇 개의 편집본 영상을 세이브해두고 추가로 여분의 촬영 분량을 갖고 있는 것이 장기적으로 유튜브 운영에 큰 도움이 됩니다.

아이디어가 고갈되었을 때 잠시 휴식 시간을 얻을 수 있다

세이브 영상이 있으면 아이디어가 고갈되었을 때 휴식 시간을 가질 수 있습니다. 유튜브를 전업으로 운영하든 그렇지 않든 간에 꾸준히 영상을 올린다는 것은 매우 어렵습니다. 우선 시작하고 나면 꾸준히 달려가야 하는데 그 기간 중 휴식을 취할 시간이 없다면 새로운 아이디어 창출에도 도움이 되지 않습니다. 일정한 휴식 시간을 확보할 수 있을 만큼 세이브 분량이나 영상을 갖고 있다면 영상을 만들다 지쳤을 때 잠시 휴가를 즐기면서 새로운 아이디어도 떠올릴 수 있습니다.

▲ 안정적인 채널 운영을 위해 세이브 영상을 확보해두는 것이 중요하다

내 채널의 첫 영상에 트렌디한 주제를 접목해보자

본격적으로 첫 영상을 만들 때는 어떤 영상을 찍어야 할지 고민이 되기 마련입니다. 당연히 내 채널 주제와 관련이 있는 영상을 만들어야겠지만 유튜브 알고리즘이 채널에 대한 데이터가 없거나, 심지어 구독자마저 없을 때는 채널 내 동영상에 대한 정보에 의존해서 영상을 노출할 수밖에 없습니다. 물론 아주 좁은 범위에서만 노출되는데, 이 시기가 내가 의도한 타깃에게 가장 정확히 영상을 전달할 수 있는 때입니다. 첫 영상은 트렌디한 주제를 잡아서 채널의 기획 방향에 맞춰 만들어보는 것도 이 기회를 활용할 수 있는 방법입니다. 시청자들이 현재 관심을 두고 있는 주제를 영상에 녹여내서 초반에 폭발적인 노출이 가능하도록 기획해봅시다.

한때 여러 번 저어 만드는 달고나 커피 만들기가 유행했습니다. 자신의 채널이 미니어처 만들기 채널이라면 미니어처 달고나 커피를 만들어보거나, 공작기계를 이용해 뭔가를 만드는 채널이라면 전동

드릴을 이용해 달고나 커피를 만드는 등 영상의 주제에 트렌디한 주제를 결합해서 영상을 제작해볼 수 있습니다. 이렇게 하면 이미 많이 노출된 영상에 관련 동영상으로 내 영상이 노출됩니다. 시청자는 하나의 영상을 보고 만족하면 관련 영상을 좀 더 시청하므로, 이때 관련 영상으로 노출되는 것을 목표로 이런 영상을 제작해보면 좋습니다. 다만 너무 트렌드에 휩쓸려 채널의 기획 방향을 잃어버리면 트렌드만을 좇아 개성 없는 채널이 될 수도 있다는 점에 주의하길 바랍니다.

시청자가 만족할 만한 첫 영상으로 노출 범위를 확대하자

내 채널에 첫 영상을 업로드하면 유튜브 알고리즘은 이 영상에 대해 판단합니다. 알고리즘이 영상을 판단하기 위해서는 시청자의 피드백이 절대적으로 필요한데 내 채널의 구독자는 0명이라서 기존 구독자의 반응을 확인할 수 없습니다. 따라서 영상의 반응을 확인하기 위해 유튜브 알고리즘은 영상에 입력된 제목과 설명, 태그 등을 바탕으로 이 영상을 좋아할 법한 시청자에게 영상을 시범적으로 노출합니다. 이 노출 범위는 1백 명이 될 수도 있고, 1천 명이 될 수도 있지만 노출 범위 내의 시청자가 영상에 만족한다면 더 넓은 범위로 영상을 노출합니다.

> 첫 영상만큼은 시청자를 확실히 만족시킬 수 있을 만한 영상으로 최선을 다해 만드는 것이 유리합니다.

유튜브 알고리즘은 첫 영상을 좀 더 노출해준다는 말이 있는데 맞을 수도 있고 아닐 수도 있습니다. 구독자가 0명이다 보니 구독자 범위보다 좀 더 노출해주는 것은 맞지만 결국 그 노출 범위에서 시청자의 만족을 얻어내지 못한다면 다음 단계의 노출은 더 이상 없다는 것을 인지해야 합니다.

채널의 일관성이 중요한 이유

채널을 기획하는 이유는 전략적으로 운영하기 위해서입니다. 하나의 채널에서 꾸준히 같은 색을 보여주어야 하는 이유를 알아보겠습니다.

구독 전환율을 높일 수 있다

유튜브 채널을 꾸준히 운영하다 보면 높은 조회수를 기록하는 영상이 생깁니다. 노출이 많이 된 영상은 많은 시청자가 유입됩니다. 예를 들어 운동 방법 영상이 높은 조회수를 기록했다면 아마 운동에 관심이 있거나 운동 방법이 궁금한 시청자가 유입될 것입니다. 이때 시청자가 내 채널의 다음 영상으로 기대하는 것은 운동 영상이겠지만 평소에는 다른 영상을 업로드하다가 우연히 운동 영상을 올려서 그 영상이 높은 조회수를 기록했다면 내 채널의 다른 영상은 시청자에게 가치가 없는 영상으로 인식될 것입니다. 그럼 시청자는 굳이 내 채널을 구독해야 할 이유를 찾지 못하고 구독 버튼을 누르지 않을 확률이 높습니다. 구독했다 하더라도 다음 영상에서 기대한 운동 영상을 볼 수 없다면 구독을 취소할 수도 있습니다.

유튜브 알고리즘의 영향으로 추가 노출 효과를 얻을 수 있다

유튜브 알고리즘은 영상의 반응을 통해 내 채널과 영상을 여러 분류로 인덱싱합니다. 운동 영상으로 높은 조회수를 기록했다면 유튜브 알고리즘은 내 채널을 운동 영상이 올라오는 채널로 분류할 수 있습니다. 이때 다른 영상도 운동에 관심이 있는 시청자에게 추가로 노출되는데 운동을 다룬 영상이 아니라면 시청자의 반응이 좋지 않을 것입니다. 결과적으로 유튜브 알고리즘은 내 채널의 인덱싱을 수정하고 운동 카테고리마저 노출하지 않게 됩니다. 따라서 채널은 꾸준히 일관성을 유지하는 것이 좋습니다.

일관성은 비단 채널의 주제만을 말하는 것은 아닙니다. 나의 캐릭터가 일관적이어도 좋고, 채널이 말하고자 하는 바가 일관적이어도 좋습니다. 이러한 일관적인 콘셉트가 유지되어야 구독 전환율이나 채널의 인덱싱 측면에서 유리합니다.

핵심 콕콕 용어 TIP **인덱싱** 찾아보거나 구별하기 쉽게 하기 위해 데이터를 분류해서 색인을 추가하는 작업입니다.

유튜브는 시청자가 좋아하는 영상을 추천한다

유튜브는 광고를 수주해서 광고 수익을 얻습니다. 광고를 수주하는 기업은 유저가 더 많은 곳에 광고하기를 원합니다. 유튜브는 더 많은 시청자를 유튜브에 모으고, 시청자가 유튜브에 머무르는 시간을 늘려야만 합니다. 단순한 고민이지만 유튜브는 이것만 잘해도 수익이 늘어납니다.

어떤 주제를 다루는 영상이 인기를 끌고 높은 조회수를 기록했다면 금세 다른 유튜버가 그 영상을 따라 하거나 벤치마킹해서 더 좋은 영상을 만들어냅니다. 이러한 영상 중에는 노출이 더 잘되거나 더 큰 성공을 거두는 경우도 있습니다. 처음 유행한 영상을 기획한 유튜버의 입장에서는 다른 채널에서 더 노출이 잘되고 더 큰 성공을 거둔 영상이 나온다는 것이 억울하고 분할 수도 있습니다. 하지만 유튜브 자체에서는 처음 영상을 기획한 유튜버가 얼마나 많은 구독자를 가졌는지, 얼마나 많은 사람이 그 영상을 보고 환호했는지는 중요하지 않습니다. 비슷한 주제라도 더 재미있고 더 좋은 영상을 만들어낸 채널이 있다면 주저 없이 해당 영상을 구독자에게 추천합니다.

한 명의 슈퍼스타가 유튜브 전체를 좌지우지하게 하는 일은 상당히 위험한 결과를 초래합니다. 슈퍼스타 유튜버가 독과점처럼 유튜브 내에서 안 좋은 영향을 끼칠 수도 있고, 새로운 재미를 찾지 못한 시청자들이 유튜브를 떠날 위험도 있습니다. 따라서 유튜브는 늘 새로운 유튜버를 발굴해 스타로 만들려고 합니다. 그래서 더 재미있는 영상을 찾아서 추천해주는 것입니다. 구독자가 많다고 해당 채널의 영상을 무조건 노출해주는 것도 아니기 때문에 구독자가 많은 유튜버라고 해도 언제든 외면을 당할 수 있습니다.

지금 이 책을 읽고 있다면 이제 막 유튜브를 시작한 경우가 많을 것입니다. 구독자가 적든 많든 재미있는 영상을 최우선으로 추천하는 유튜브의 알고리즘을 이해했다면 여러분에게도 기회가 있습니다. 좋은 영상을 꾸준히 만들면 언젠가 슈퍼스타 유튜버가 될 수 있습니다. 더 좋은 영상을 만드는 데 집중하세요.

키워드 선정하고 검색량 확인하기

키워드 선정 방법

유튜브는 구글에서 운영하는 서비스입니다. 구글은 잘 알려진 것처럼 검색엔진으로 시작한 기업입니다. 당연히 유튜브에서도 검색으로 원하는 영상을 찾을 수 있는데, 이때 내 영상을 최대한 많이 알릴 수 있는 핵심 키워드를 제목에 활용하는 것이 중요합니다. 예를 들어 김치찌개를 맛있게 끓이는 방법을 영상으로 만들었다면 키워드는 '김치찌개'가 될 것입니다. 이때 키워드는 한 개가 아닐 수도 있습니다. '김치찌개'뿐만 아니라 '레시피'라는 검색어로도 유입을 기대할 수 있습니다. 그렇다면 '김치찌개 맛있게 끓이는 레시피' 등과 같이 제목을 정해볼 수 있습니다.

검색 키워드마다 검색량이 다르기 때문에 키워드 조합이 필요합니다. '김치찌개 레시피'라는 검색어에 비해 '김치찌개'를 검색하는 경우가 훨씬 많을 것입니다. 김치찌개를 검색할 때는 맛집을 찾는 사람도 있고, 김치찌개의 요리 방법을 찾는 사람도 있습니다. 하지만 '김치찌개+레시피'라는 단어를 검색한다면 이는 명확히 김치찌개 요리법을 검색하는 사람일 것입니다. '김치찌개+레시피'라는 두 가지 단어를 조합해서 검색할 때는 김치찌개라는 검색 경쟁력이 센 키워드와 경쟁할 때 상단 노출이 어렵지만 김치찌개의 요리법에서는 영상 노출이 좀 더 수월할 수도 있습니다. '김치찌개'라는 대집합 안에서 '레시피'라는 소집합까지 만족하는 영상을 노출해주기 때문입니다.

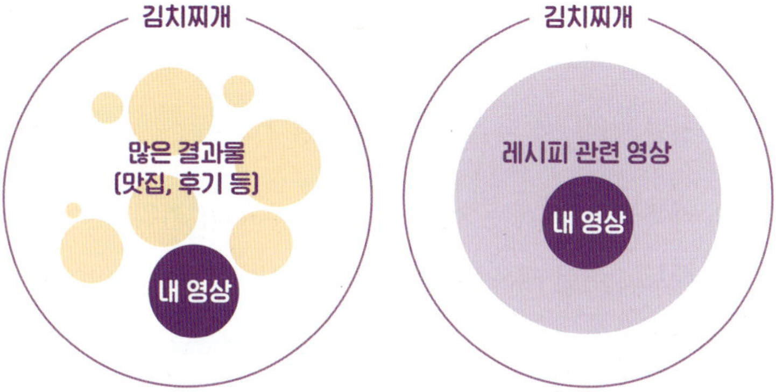

▲ 김치찌개와 김치찌개 레시피 검색 결과

강차분PD의 나는 유튜버다!

키워드를 조합하면 노출에 유리할까?

키워드를 조합하는 경우가 무조건 좋은 것은 아닙니다. 키워드가 명확하면 좀 더 경쟁력을 얻을 수 있지만 더 넓은 개념을 포괄하지 못한다는 이야기도 됩니다.

영상에서 키워드를 넣을 수 있는 가장 중요한 위치는 제목입니다. 제목에는 키워드를 한 개 또는 두 개만 간결하게 사용하길 추천합니다. 너무 많은 키워드를 사용하면 인덱싱 측면에서 불리합니다. 마찬가지로 설명란에도 키워드는 1~2개 정도만 사용합니다. 많은 키워드를 쓴다고 해서 점수가 더 주어지는 일은 없습니다.

키워드의 위치는 구글 검색엔진의 특성상 제목의 앞쪽에 위치하는 것이 좀 더 유리합니다. 영상의 다른 요소를 하나도 고려하지 않았을 때 유튜브는 키워드가 앞쪽에 위치한 영상을 상단으로 노출하는 경향이 있습니다. 물론 영상의 시청 시간이나 시청자의 피드백 등 다양한 요소를 적용하면 결과가 달라질 수 있지만 원칙적으로는 앞쪽에 배치된 키워드를 더 상단에 노출합니다.

영상의 제목을 정할 때는 키워드를 정한 후 해당 키워드를 유튜브에 검색해보고 어떤 제목이 사용되었는지 살펴봅니다. 만약 키워드를 조합해 제목을 정했다면 마찬가지로 해당 제목을 유튜브에서 검색해봅니다. 이때 내가 조합한 키워드의 제목이 없거나 해당 제목이 경쟁력이 있어 보인다면 만들어둔 제목 그대로 업로드를 진행합니다.

키워드 검색량 확인 방법

선정한 키워드의 검색량이 얼마나 되는지 알아보기 위해서는 대형 포털사이트에서 제공하는 서비스를 이용합니다. 서비스마다 최근 유행하는 검색어를 알려주거나 많은 검색량을 기록하는 검색어를 정리해서 보여줍니다.

네이버 데이터랩

네이버 데이터랩은 국내 콘텐츠 검색어의 검색량을 알아보는 데 도움이 됩니다.

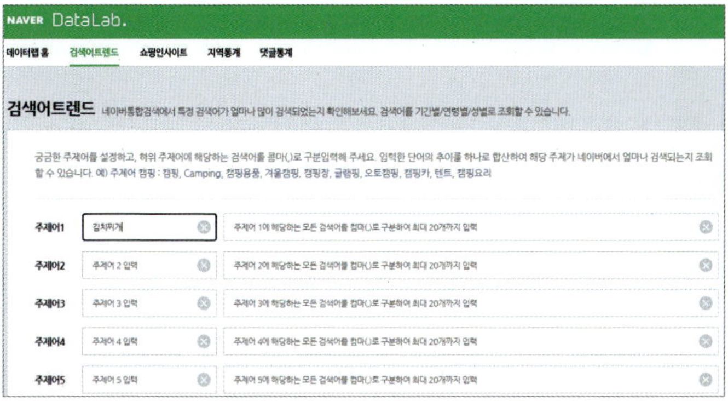

▲ 네이버 데이터랩(https://datalab.naver.com)

구글 트렌드

구글 트렌드에서는 전 세계 사용자의 검색어 동향을 살펴볼 수 있습니다.

▲ 구글 트렌드(https://trends.google.com)

웨어이즈포스트 키워드마스터

웨어이즈포스트에서 제공하는 서비스로 네이버 API를 활용해 셀러들을 위한 키워드의 조회량을 보여줍니다. 앞에 소개한 몇 가지 서비스에 비해 좀 더 직관적이라서 사용하기 편리합니다.

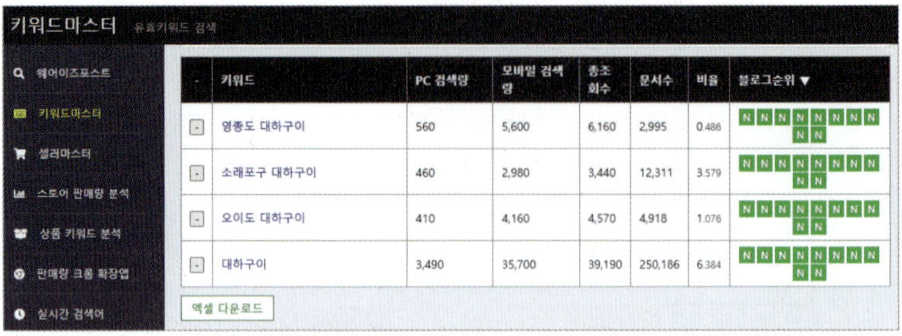

▲ 웨어이즈포스트 키워드마스터(http://www.whereispost.com/keyword/)

공유하고 싶은 영상 만들기

유튜브 영상을 만들면 하단에 [공유] 버튼이 나타나는데 다른 플랫폼이나 서비스에 영상을 공유할 수 있습니다. 아무 플랫폼에나 영상을 공유할 필요는 없지만 영상을 열심히 시청해줄 만한 타깃층이 있는 곳에 영상을 공유하는 것이 좋습니다.

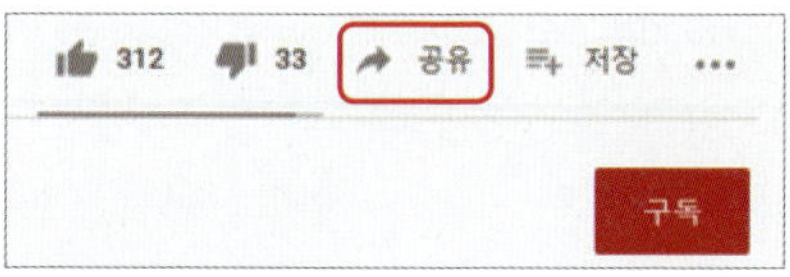

▲ 유튜브 공유 버튼

예를 들어 50cm가 넘는 물고기를 낚시로 잡는 영상이라면 마땅히 공유되어야 할 곳은 낚시 관련 커뮤니티입니다.

유튜브는 내 영상이 얼마나 많은 곳에 공유되는지, 공유된 곳에서 얼마나 많이 재생되는지, 또 얼마나 오랜 시간 시청되는지에 대한 정보를 다시 수집합니다. 공유가 많이 일어난 영상은 그에 따른 여러 가지 가점이 생기므로, 사람들이 퍼갈 수 있을 만한 영상을 만드는 것이 중요합니다. 커뮤니티에서도 '제가 이런 영상을 만들었는데, 한번 봐주세요' 하는 것보다 누군가가 추천해서 '이 영상 재미있던데, 한번 보실래요?' 하는 게시물이 조회수가 확연하게 차이가 납니다.

마케팅 용어 중에 '바이럴 마케팅'이 있습니다. 바이럴은 '바이러스에 감염되듯이 넓게 퍼진다'는 뜻을 가진 용어인데 바이러스처럼 필연적으로 누군가가 다른 사람에게 전파해주어야 합니다. 내 영상도 바이럴이 될 수 있도록 퍼 나르고 싶은 영상, 다른 사람에게 추천해주고 싶은 영상이 되도록 만들어야 합니다.

추천 영상이 되는 원리 이해하기

유튜브 영상 키워드

유튜브에서 영상을 보다 보면 비슷하거나 혹은 전혀 다르지만 내가 관심을 가질 만한 추천 동영상이 하단에 노출되는 것을 확인할 수 있습니다.

강차분PD의 나는 유튜버다!

추천 영상이란?

추천 영상은 어떤 영상에 주제나 장르가 같은 영상을 추천으로 노출하는 것을 말합니다. 실제로 조회수가 높은 영상에 추천 영상으로 노출된다면 많은 조회수를 기록할 수 있습니다.

유튜브에서는 내가 입력한 키워드를 바탕으로 영상을 분류합니다. 이때 유튜브는 해당 키워드와 같거나 유사한 키워드를 가진 영상을 추천 동영상으로 노출해보면서 얼마나 많은 시청자가 이 영상을 클릭하는지 확인해봅니다. 클릭률이 높고 시청 시간이 길면 계속해서 해당 영상을 추천 동영상으로 노출하면서 조금씩 노출 범위도 늘려 갑니다.

빅데이터

빅데이터가 겹치는 시청자가 많다면 추천 영상이 될 수 있습니다. 예를 들어 내 영상의 시청자가 A라는 유튜버의 영상을 많이 시청한다면 내 영상의 추천 영상으로 A 유튜버의 영상이 노출됩니다. 이렇듯 유튜브는 여러 가지 데이터를 나와 다른 시청자에게서 수집합니다. 시청자가 서로 겹치는 영상을 많이 시청했다면 함께 좋아하는 부분이라고 판단해서 양쪽의 시청자에게 모두 추천을 해줍니다.

빅데이터의 수집, 작동 원리를 이해하면 시청자 유입을 위해 내 영상을 추천 영상으로 만드는 방법을 시도해볼 수 있습니다.

내가 만든 영상의 주제를 검색해보고 높은 조회수를 기록한 영상이 있다면 그 영상을 시청한 후 내 영상을 클릭하게 만들 수 있는 제목 등을 고민해봅니다. 예를 들어 '달고나 커피 4백 번 저어 만들기'라는 영상이 좋은 검색 결과를 얻고 있다면 내 영상의 제목은 '달고나 커피 4백 번 안 젓고도 만드는 방법'이라고 지어볼 수 있습니다. 앞선 영상을 흥미롭게 본 시청자라면 4백 번을 젓지 않고도 만들 수 있는 달고나 커피 영상에 흥미를 느끼고 클릭해볼 수 있습니다.

검색으로 유입되는 영상의 특성

앞에서 영상 제목과 영상 설명에 키워드를 넣는 방법과 키워드로 영상이 검색되는 방법을 알아보았습니다. 검색량이 어마어마하게 많은 카테고리가 아니고서는 검색만으로 영상의 폭발적인 조회수를 기대하기는 어렵습니다.

How to를 알려주는 영상

보통 검색으로 유입되는 영상의 카테고리는 How to 영상이 많습니다. '○○하는 법', '○○ 만드는 법' 등 How to 영상은 시청자가 무언가 궁금한 점이 생기면 검색해서 시청하고 궁금증이 해소되면 구독 없이 이탈하는 경우가 많습니다. 따라서 검색 키워드에 의존한 영상은 조회수는 높아도 구독자가 많지 않은 경우가 대부분입니다. 검색 기반의 채널 중심에는 강좌가 있습니다. 영상 편집 방법이나 요리법 등을 가르쳐주는 채널입니다. 이 채널에서는 낮은 구독률을 극복하기 위해 다음 영상 또 다음 영상을 기대할 수 있도록 영상을 만들 필요가 있습니다. 영상의 제목을 지을 때도 적절한 키워드와 궁금증을 자극하는 문구를 섞어서 만들면 검색 유입과 노출 유입을 같이 노려볼 수 있습니다.

꾸준히 조회수가 올라가는 영상

검색으로 유입되는 영상의 장점은 꾸준한 조회수가 나온다는 것입니다. 영상을 업로드했을 때 폭발적인 반응은 없지만 영상의 내용이 좋다면 오랜 시간 꾸준하게 영상의 조회수가 올라가는 것을 확인할 수 있습니다. 검색 기반의 영상은 영상을 업로드하고 한참이 지난 후에 떡상하는 경우도 자주 있습니다.

핵심 콕콕 용어 TIP **떡상** 평균적으로 나오던 조회수보다 엄청난 조회수가 나오는 것을 이르는 말입니다. 유튜브 알고리즘이 넓은 범위에 영상을 노출해줬을 때 조회수가 많이 나와 떡상할 수 있습니다.

간결한 키워드와 확신을 주는 영상 제목

검색 기반 영상의 제목을 정할 때는 적절한 키워드를 간결하게 사용하고 확신에 찬 어투로 작성합니다. 예를 들어 '유튜브 구독자를 모으는 방법'이라는 주제로 영상을 만들었다면 '유튜브 구독자 1천 명 무조건 만드는 방법'이나 '유튜브 구독자 맞구독 없이 만드는 방법' 같은 확신에 찬 정확한 제목으로 정하는 것입니다. 이런 경우에 높은 조회수를 기대할 수 있습니다.

구독자가 늘어나는 원리

영상을 잘 만들어서 업로드하면 구독자는 자연스럽게 늘어납니다. 내 영상에 만족한 시청자가 [구독] 버튼을 누르면 구독자가 한 명 늘어나는데, 처음에는 누가 구독해줄까 싶지만 점차 구독자가 늘어나기 시작하고 하루에 한 명, 두 명씩 구독자가 늘어나는 것을 볼 수 있습니다. 이때 구독자가 늘어나는 패턴을 확인할 수 있는데, 하루 평균 한 명의 구독자가 늘어나기 시작했다면 거의 꾸준하게 매일 한 명이 늘어납니다. 이후 영상을 올릴 때마다 구독자가 늘어나는 폭이 커져서 평균 두 명, 세 명과 같은 방식으로 꾸준히 늘어납니다. 신기하게도 이 평균은 큰 변함없이 유지되는데, 이는 유튜브에서 영상의 노출률을 일정하게 유지하며 노출 대비 구독률도 거의 정해져 있다는 의미입니다. 구독자가 하루에 세 명씩 늘어나는 시점에 구독자 1천 명을 만들려고 하면 333일을 더 운영해야 한다는 계산이 나오는데 눈앞이 캄캄할 수 있습니다. 하지만 구독자수는 조금씩 모아서 목표를 달성하는 것이 아니라 어느 순간 어떤 영상이 폭발적인 조회수를 기록하면서 한번에 늘어나는 경우가 많습니다. 자고 일어났더니 구독자 1천 명이 늘어나는 것입니다. 이때 유튜브에는 내 영상이 많은 사람에게 노출되는데 보통 약 5일 정도 지속됩니다. 그동안 영상을 잘 만들어두었다면 5일간 일 년을 기다려야 모을 수 있던 구독자를 전부 모으거나 더 많이 모을 수 있습니다. 5일이 지나면 영상 노출이 중지되면서 서서히 구독자 증가도 줄어들게 됩니다. 그 후에는 평균 구독자 상승폭이 더 올라가는데, 영상의 떡상 전에 매일 2~3명이 늘었다면 이후엔 평균 20~30명이 늘어나는 식으로 구독자의 상승폭이 올라갑니다. 구독자가 잘 늘어나지 않는다고 조급해할 필요는 없습니다. 최대한 좋은 영상을 만드는 데에 집중하고 내 영상이 알고리즘의 선택을 받아 떡상할 타이밍을 기다립니다. 그토록 원하던 구독자가 모이게 될 것입니다. 꼭 기억하세요. 구독자를 모으려 노력하지 말고 좋은 영상을 만들려고 노력해야 합니다.

어그로 제목 쓸까, 말까

유튜브에서 제목을 정할 때 꼭 필요한 것이 어그로 제목이라 말하는 사람이 많습니다. '어그로'라는 것은 다른 사람의 이목을 집중시키는 일종의 도발이라고 생각하면 쉽습니다. 원래 어원은 Aggravation으로 '악화시키다', '짜증 나게 하다'와 같은 의미입니다. 게임에서는 강력한 보스 몬스터가 허약한 캐릭터들을 공격하지 못하게 시선을 끌고 보스 몬스터를 끊임없이 도발하는 역할을 가진 탱커들이 사용하는 기술입니다. 도발에 화가 난 보스 몬스터가 내 캐릭터만 공격하게 되는 것처럼 궁금증이 일어서 보는 순간 클릭할 수밖에 없게 만드는 것이 바로 어그로 제목입니다.

핵심 콕콕 용어 TIP 탱커 게임에서 몬스터의 시선을 끌어 대신 막아주는 역할을 합니다.

▲ 게임에서 탱커의 탱킹

필자의 〈강차분PD〉 채널에는 '동남아 황제이민은 70만 원으로 한 달 산다고?'라는 콘텐츠가 있습니다. 상당히 도발적인 제목이지만 이민이나 해외 생활비 관련 키워드를 검색하다가 이 제목을 보게 된다면 '설마 그게 가능해?'라고 생각하거나 '에이, 말도 안 돼!'라고 생각하게 됩니다. 두 경우 모두 콘텐츠를 확인하기 위해 영상을 클릭할 확률이 높습니다.

주의할 점은 시청자가 궁금증을 갖고 영상을 클릭하게 하는 데에 성공했다면 유튜버는 좋은 영상으로 시청자를 만족시켜야 합니다. 심한 어그로를 끌어서 제목과 관계없는 영상을 만들거나 제목의 의문점이 해결되지 않는다면 '싫어요' 테러를 당하거나 시청자의 빠른 이탈로 인해서 낮은 시청 시간이 나올 수도 있습니다. 시청자의 실망은 '구독 취소'나 '싫어요' 또는 이탈로 이어지므로 주의해야 합니다.

강차분PD의 나는 유튜버다!

어그로 제목이 잘 어울리는 카테고리는?

어그로 제목을 적절히 이용하는 카테고리에는 영화 리뷰 채널을 들 수 있습니다. 단순히 영화 제목을 키워드로 활용하는 것보다 영화에서 자극적이고 궁금해할 만한 내용을 제목으로 사용해 시청자의 궁금증을 끌어냅니다. 예를 들어 '이 남자는 왜 15년간 갇혀서 군만두만 먹었을까?'와 같이 영상 제목을 만들 수 있습니다. 시청자는 궁금증을 해소하기 위해 영상을 끝까지 시청하게 됩니다.

CTR이 높은 영상이 잘 노출된다

CTR(Clickthrough rate)은 광고계에서 사용하는 용어로 광고 노출 시 노출 대비 클릭률을 말합니다. 예를 들어 1백 번 노출되었을 때 세 번 클릭 된다면 CTR은 3%입니다.

$$\text{CTR} = \frac{\text{클릭수}}{\text{노출수}} \times 100$$

▲ CTR 개념

유튜브에 업로드한 영상도 CTR을 볼 수 있습니다. 보통 영상의 클릭률은 2~10% 사이가 일반적이며, 5~6% 이상 나온다면 높다고 볼 수 있습니다. 유튜브에서 영상을 더 넓은 범위로 노출해주는 기준에는 CTR도 중요한 요소로 포함됩니다. 구글에서 밝힌 바는 없지만 보통 영상을 노출할 때는 CTR이 5~6% 이상인 영상 중 시청 지속 시간이 높은 영상 위주로 노출되는 것을 알 수 있습니다.

CTR을 높이는 방법은 아주 간단합니다. 제목과 섬네일에 신경을 쓰면 CTR을 효과적으로 높일 수 있습니다. CTR은 단순히 노출 대비 클릭률만 따지기 때문에 내 영상이 누군가에게 노출되었을 때 클릭하고 싶게 만든다면 노출 대비 클릭률이 올라가는 것입니다. 앞서 배운 어그로를 활용해서 시청자가 클릭하고 싶은 제목이 무엇일지 고민해본 후 추가로 영상의 핵심 키워드 등을 조합해서 제목을 짓습니다. 또 영상의 섬네일 역시 클릭하고 싶은 마음이 들도록 깔끔하게 디자인하고 영상의 내용이 궁금해질 만한 스크린샷을 활용합니다.

조회수가 높은 채널의 영상을 분석해서 CTR을 높이는 방법을 연구해볼 수도 있습니다. 내가 올리고자 하는 영상의 키워드를 검색해보고 가장 조회수가 잘 나오는 영상을 분석해봅니다. 키워드는 어떤 키워드를 사용했고, 제목은 어떤 식으로 지었는지, 섬네일은 어떻게 만들어서 다른 영상보다 조회수가 잘 나왔는지 비교해보고 앞으로 만들 영상에 좋은 점만 적용해봅니다.

평균 시청 지속 시간이 중요하다

CTR을 높여 많은 사람이 영상을 클릭해도 영상에 만족하지 않고 빠르게 이탈해버린다면 유튜브에서는 영상에 과도한 섬네일이 사용되

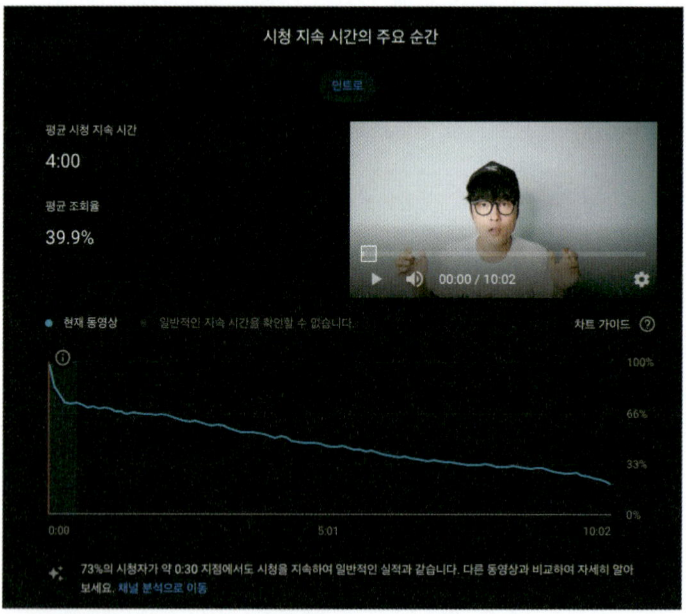

▲ 〈강차분PD〉 유튜브 스튜디오 평균 시청 지속 시간 그래프

었거나 제목이 영상과 맞지 않는다고 판단해서 영상을 더 이상 노출하지 않습니다. 즉, CTR을 높여서 초반 조회수가 올라가더라도 평균 시청 지속 시간이 높지 않다면 알고리즘이 노출을 잘 시켜주지 않으므로 영상의 조회수를 높이기 어렵습니다.

유튜브에서는 보통 평균 시청 지속 시간이 40% 이상 나오면 좋은 영상이라 판단해서 더 많은 곳에 노출합니다. 총 영상의 길이가 10분이라면 평균 4분 이상을 시청자가 시청해주어야 한다는 것입니다. 유튜브 시청자는 한 영상을 오랜 시간 보는 경우가 많지 않으므로 평균 시청 지속 시간을 40% 이상으로 만드는 일은 쉽지 않습니다. 평균 시청 지속 시간을 올리기 위해서는 다음과 같은 방법을 고려해봅니다.

스피디한 편집과 구성을 활용하라

스피디한 편집과 구성으로 영상을 끊고 나갈 틈을 주지 않는 방법입니다. 영상에서 지루한 부분을 최대한 덜어냄으로써 다음 내용을 계속 궁금하게 만드는 것입니다. 뒤로 가기를 클릭할 타이밍이 없을 만큼 재미있고 스피디하게 편집해야 합니다. 영상을 편집하면서 아까운 마음이 들더라도 다시 돌려보다가 재미없게 느껴지는 부분은 과감히 덜어냅니다. 시청자가 영상을 보다가 조금이라도 지루함을 느껴 다른 영상으로 이탈할 여지를 만들지 않는 방법입니다.

결말이 궁금하도록 만들어라

결말이 궁금하도록 화두를 던지고 시작하는 방법입니다. 주로 영화 리뷰 채널에서 사용하는 방법으로, '충격적 결말?'과 같은 제목으로 결말에 대한 궁금증을 유발한 후 영상을 끝까지 보게 만드는 방법입니다. 영화 채널이 아니라면 영상의 하이라이트 몇 부분을 편집해서 앞에 배치하고 기대했던 장면이 나올 때까지 영상을 시청하게 만드는 방법이 있습니다. 물론 중간 과정을 흥미진진하게 풀어나가야 하는 것도 중요합니다.

성격 급한 시청자를 위해 두괄식으로 말하라

두괄식으로 말하는 방법입니다. 두괄식은 영상의 주제에 대한 결론을 먼저 말하는 방법입니다. 결론을 뒷부분에서 말해주어야 오랫동안 영상을 시청할 것 같지만 미괄식으로 이야기를 풀어가면 성격이 급한 대부분의 시청자는 결론에 도달하기 전에 '무슨 이야기를 하는 거야?'라면서 이탈할 확률이 높습니다. 우선 결과를 알려주고, 결과에 대한 이유를 설명하는 방식으로 영상을 풀어가면 앞부분에서 영상 내용에 대한 신뢰가 쌓이고 뒤로 갈수록 채널에 대한 신뢰도가 올라가는 효과를 얻을 수 있습니다.

편안한 분위기를 만들어라

편안한 분위기로 오랜 시간 영상을 시청하게 만드는 방법입니다. 현란하거나 자극적인 영상은 오랜 시간 집중하기 어렵기 때문에 잔잔

한 라디오 방송이나 명상하기 좋은 음악, 책을 읽어주거나 평온한 자연의 풍경을 보여주는 채널은 시청 지속 시간이 깁니다. 예를 들어 설거지하거나 운전할 때처럼 영상에만 집중하기 어려운 환경에서는 유튜브 영상을 라디오처럼 틀어만 놓는 경우가 많으므로 시청 지속 시간을 확보할 수 있습니다.

유튜브 채널을 운영한다면 끊임없이 시청 지속 시간을 늘릴 수 있는 방법을 연구해야 합니다. 유튜브 채널을 개설한 후에는 영상의 시청 지속 시간을 유튜브 스튜디오에서 확인할 수 있습니다. 영상의 어느 부분에서 시청자가 많이 이탈했는지를 확인해보고 다음 영상을 만들 때 시청자가 이탈한 부분을 보완하도록 합니다.

맞구독을 권하지 않는 이유

맞구독이란 유튜브에서 서로의 채널을 구독하는 것을 의미합니다. 그런데 '맞구독'을 하지 말라고 처음 이야기한 사람이 필자입니다. 지금도 필자가 운영하는 〈나는유튜버다〉 네이버 카페에서는 공식적으로 맞구독 요청을 금지하고 있습니다. 카페 운영 초창기에는 회원들의 불만이 많았습니다. 〈나는유튜버다〉 오픈채팅 방에만 3천 명 가까운 회원이 모여 있습니다. 오픈채팅 방에서 이들이 '서로의 채널을 구독해준다면 그 구독자만 해도 3천 명은 되지 않겠느냐', '타 카페는 맞구독을 할 수 있는 게시판도 제공한다' 등의 불만을 이야기했습니다.

카페 회원을 많이 늘리기 위해서 채널 홍보, 맞구독을 적극적으로 권장하는 카페도 있지만 〈나는유튜버다〉 카페에서 맞구독을 금지하는 이유는 진심으로 유튜브 채널을 운영하는 회원들이 잘되기를 바라는 마음 때문입니다. 카페나 오픈채팅 방에 본인 채널의 링크

▲ 〈나는유튜버다〉에서 맞구독을 검색해도 나오는 글이 없다

를 공유하고 구독을 요청해서 서로 구독해주고, 또 구독자를 모으는 게 뭐가 문제냐고 생각할 수 있겠지만 맞구독으로 1천 개의 채널을 내가 구독했다고 치면 그중 진짜 재미있어서 시청하는 채널은 몇 개 되지 않을 것입니다. 마구잡이로 구독한 1천 개의 채널에서 올라오는 영상이 자신의 관심 분야일 리 없고, 초보 유튜버의 질 낮은 영상을 챙겨볼 리도 만무합니다. 반대로 말하면 내 채널을 구독한 1천 명도 내 채널을 시청하지 않는다는 이야기가 됩니다. 예를 들어 구독자는 1천 명인데 영상을 올려도 1천 명 중 10명도 시청하지 않는 채널로 여겨진다면 노출은 1천 건인데 시청률은 10건이니 1% 정도의 구독 대비 시청률을 보이게 됩니다. 이런 지표를 가진다면 구독자에게 마저 외면당하는 채널이라고 알고리즘이 판단하게 되고, 이후에는 영상 노출과 채널 성장은 꿈꿀 수 없을 것입니다. 그 외에도 여러 가지 방법으로 구글은 어뷰징을 관리하고 있기 때문에 시청 없는 맞구독은 서로에게 독이 될 수밖에 없습니다.

핵심 콕콕 용어 TIP **어뷰징** 정상적이지 않은 방법으로 조회수, 시청 시간 등을 올리는 행위를 말합니다.

설상가상으로 시간이 흐르면 초기에 맞구독한 채널이 구독 취소를 하게 되면서 채널의 품질은 나락으로 떨어지게 됩니다. 채널 홍보를 하지 말라는 것이 아니라 내 영상을 관심 있게 시청해줄 시청자에게 홍보해야 한다는 이야기입니다. 시청하지도 않고 구독만 누르는 구독자는 없는 것이 나을 수도 있습니다.

꾸준히 하면 결국 잘될까?

유튜버들이 우스개로 하는 말이 있습니다. 예전에는 '존버'였는데 요즘은 '존꾸'라고 합니다. 비속어지만 '존버'는 '버티면 된다', '존꾸'는 '꾸준히 해야 한다'는 뜻입니다. 이제 유튜브 채널을 제대로 운영하려면 버티기만 해서는 안 되고 지속력 있게 꾸준히 해야 한다는 뜻으로 바뀐 것입니다.

과연 꾸준히만 하면 잘될까요? 정답은 맞을 수도 아닐 수도 있습니다. 꾸준히 해야 잘되는 것은 정답이지만 '꾸준히만' 해서 잘되는 건 오답입니다. 꾸준히는 기본이고 꾸준하면서 끊임없이 좋은 영상을 만들기 위한 연구가 필요합니다. 마냥 꾸준히 해서는 잘되지 않습니다. 좋은 영상이 꾸준히 올라가야 언젠가 다가올 떡상이 나를 많은 구독자를 보유한 유튜버로 만들어준다는 것을 명심해야 합니다.

▲ 꾸준히 해도 잘 안될 때가 있다

가끔 누구도 관심을 가지지 않을 만한 유익하지 않은 영상이나 재미없는 영상을 꾸준히 올리기만 하는 유튜버를 보게 됩니다. 올림픽에 자주 출전한다고 해서 금메달을 딸 수 없는 것과 같습니다. 노력한 선수가 올림픽에 자주 출전했을 때 메달을 딸 확률이 높아집니다.

내 영상이 노출되는 연령대와 성별을 공략하자

영상을 어느 정도 올리다 보면 유튜브 알고리즘에 의해 내 영상이 주로 노출되는 연령층을 확인할 수 있습니다. 내 영상을 오랜 기간 자주 시청하는 연령층이 이에 해당합니다. 영상을 오래 시청한다는 것은 그 연령대가 관심을 가질 만한 주제를 다루기 때문일 수도 있고, 영상의 스타일이 그 연령대에 어필되는 스타일이기 때문일 수도 있습니다. 채널을 운영할 때는 내 영상이 주로 어떤 연령층에 노출되는지 파악하고 그에 맞는 전략을 세우는 것이 좋습니다.

주요 시청자층이 좋아할 만한 영상을 제작한다

유튜브 스튜디오에서 내 영상을 주로 시청하는 연령층과 성별을 볼 수 있습니다. 시청자 분포에 따라 다음 영상을 만들 때 주요 시청자층에 맞는 편집과 주제를 설정합니다. 예를 들어 내 영상이 주로 젊은 여성 시청자에게 많이 노출된다면 젊은 여성 시청자가 관심을 가질 만한 주제로 영상을 만들고, 그에 따른 배경음악과 자막 등을 사용해서 편집해봅니다.

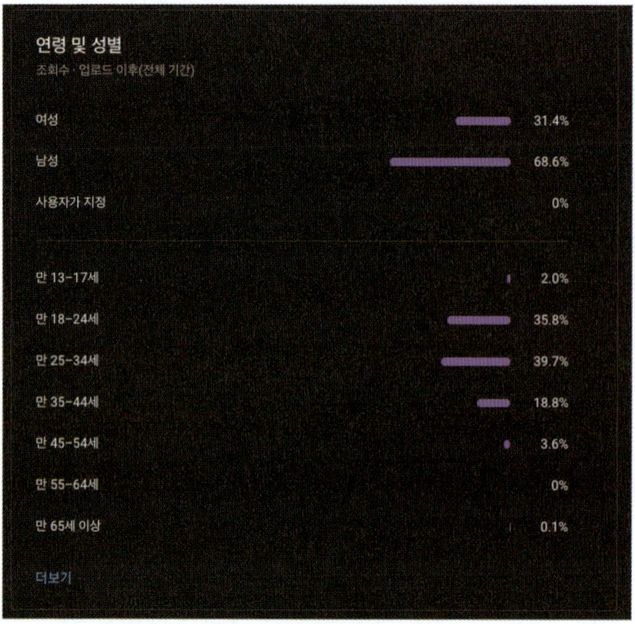

▲ 유튜브 스튜디오에서 볼 수 있는 시청자의 연령 및 성별

지인의 추천 동영상 리스트를 참고하자

보통은 유튜버의 연령과 비슷한 연령대의 시청자가 영상을 많이 보게 되지만 어린이나 실버 타깃처럼 특정 연령대를 대상으로 기획한 채널이라면 시청 연령대를 분석하는 것이 중요합니다.

> 기획을 아무리 잘했다고 해도 잘 모르는 성별이나 연령대를 공략하기는 쉽지 않습니다.

이때는 주변 사람들에게 도움을 구해봅니다. 부모님, 조카, 친구 등 해당 연령대에 속한 지인의 추천 동영상 리스트를 살펴보는 것입니다. 개인마다 선호하는 영상은 제각각이나 유튜브에서 해당 연령대가 전반적으로 좋아할 만한 영상을 꾸준히 추천으로 노출해주기 때문에 추천 동영상 리스트를 분석해보면 연령대별로 좋아하는 영상을 파악하는 데 많은 도움이 됩니다.

강차분PD의 나는 유튜버다!

성별과 연령대별로 관심사를 파악하는 방법

성별과 연령대별로 관심사를 파악하는 또 다른 방법으로는 해당 성별이나 연령대가 많이 사용하는 여러 커뮤니티를 모니터링하거나 네이버 트렌드, 구글 트렌드를 활용하는 방법 등이 있습니다.

구독 전환율을 높이는 방법

구독 전환율은 조회수 대비 구독자 증가율을 말합니다. 1천 회의 조회수를 기록했을 때 10명의 구독자가 늘었다면 구독 전환율은 1%입니다. 채널의 주제에 따라 시청자별 성향이 달라서 구독 전환율도 다르게 나타납니다. 구독 전환율을 높일 수 있는 구체적인 방법에 대해 알아보겠습니다.

유튜버 개인의 매력을 어필하라

유튜버 개인에게 매력을 느낄 때 구독 전환율이 높습니다. 시청자는 정보나 재미를 얻으려고 살펴본 영상에 등장하는 유튜버가 매력이 있다고 느끼면 [구독] 버튼을 클릭할 확률이 높습니다. 예를 들어 패션 정보를 얻으려고 영상을 시청했는데 다른 패션 채널보다 옷 입는 센스가 뛰어나거나 말솜씨가 좋아서 시간이 가는 줄도 모르고 영상을 시청하거나, 외모가 수려해서 다른 옷을 입은 영상도 멋지게 보이는 등 정보를 얻는 것 이상의 플러스알파 요인이 생겼을 때 [구독] 버튼을 클릭하는 것입니다. 단순히 얻고자 하는 정보나 재미 이상의 것이 만족되지 않으면 시청자는 바로 이탈될 뿐 구독까지 잘 연결되지 않습니다. 시청자를 구독자로 만들려면 우선 영상에서부터 시청자의 첫 번째 니즈를 충족시킨 후 유튜버 자체의 매력까지 어필할 수 있도록 신경을 씁니다.

다루는 정보나 비슷한 주제가 수록된 영상을 갖춰라

다루는 정보나 비슷한 주제가 수록된 영상이 두 개 이상 있어야 합니다. 하나의 영상이 떡상하면 많은 시청자가 유입됩니다. 이때 [구독] 버튼을 클릭하게 유도하려면 이 영상 외에도 주제는 비슷하지만 다른 영상이 더 많이 있다는 것을 시청자에게 알려야 합니다. 영상을 찍을 때 중간중간 "다른 영상에서 설명해 드린 것처럼"이나 "이 부분이 궁금하시면", "제 채널의 ○○ 영상을 보시면" 등과 같은 말을 덧붙이면서 영상의 링크를 삽입하는 것도 좋습니다. 구독은 말 그대로 '정기적으로 영상을 받아서 보겠다', '계속 볼 용의가 있다'는 뜻입니다. 하나의 영상에 만족한 시청자는 그 영상의 주제와 관심사가 비슷한 시청자입니다. 해당 시청자가 만족할 만한 다른 영상이 더 있다는 것을 알려주고 앞으로 이 채널의 또 다른 영상을 기대하도록 만들어야 합니다.

전문가다운 모습을 보여라

프로처럼 보여야 합니다. 특정 정보를 다루는 영상을 제작할 때 아마추어와 같은 느낌을 준다면 시청자는 정보는 얻되, 다음 영상을 기대하는 마음이 생기지 않을 것입니다. 프로의 마음가짐으로 영상을 찍는 동안은 최대한 프로처럼 말하고 그에 맞는 복장과 제스처, 배경까지 신경 써줍니다. 시청자는 자신의 시간을 투자한 만큼 최대한 전문가에게 의견을 듣고 싶어합니다. 예를 들어 재태크 정보를 말하는 채널에서 출연자가 어떤 근거도 갖추지 못한 채 후줄근한 복장과 어리숙한 말투로 이야기한다면 시청자에게 신뢰를 주기 어렵습니다. 가장 좋은 방법은 본인의 재태크가 이미 성공했다는 증거를 먼저 보여주는 것이겠지만 말투나 의상 등에도 신경 써서 더 전문가스러운 모습을 보여주면 한층 신뢰감을 얻을 수 있습니다.

영상의 퀄리티가 중요하다

비슷한 주제를 다루는 다른 채널에 비해 영상의 퀄리티(영상미, 편집, 색감, 배경음악)가 좋으면 구독 전환율이 높습니다. 즉, 아마추어가 제작한 느낌보다 프로페셔널해 보이는 영상을 시청했을 때 구독 전환율이 높은 경향을 보입니다. 예를 들어 같은 브이로그 영상이라도 감각적으로 촬영하고 트렌디한 배경음악을 사용하며, 충분한 인서트(보충 화면) 등을 활용할 수 있다면 같은 시청 시간 대비 조금 더 양질의 영상 정보를 얻을 수 있기 때문에 다른 브이로그 영상에 비해 구독 전환율이 높을 수밖에 없습니다.

영상에서 내 활동명을 자주 언급하라

채널의 운영 목적 중 하나는 퍼스널 브랜딩입니다. 채널명이 본인의 닉네임이라면 이때는 채널명과 활동명(닉네임)이 같이 홍보됩니다. 영상을 찍을 때도 자신을 지칭할 때 채널명을 자주 언급해줍니다. 예를 들어 영상을 시작할 때 "안녕하세요, 강차분PD입니다."라고 인사하는 것처럼 시청자들이 누구의 채널을 보고 있는지 명확히 알 수 있도록 합니다.

▲ 영상에서 강차분PD가 인사하는 모습

한 번 들었을 때 잘 잊히지 않는 채널명이나 활동명이라면 두어 번 영상을 시청한 시청자는 우연히 채널명이나 활동명을 듣게 되었을 때 '아, 그 채널 나도 본 적 있어'라고 떠올리며 이야기를 이어가게 됩니다. 이렇게 두 명 이상이 서로 같은 채널을 알고 있다면 이미 유명 유튜버가 된 것입니다.

> 브랜딩은 누군가에게 나를 각인시키는 것에서부터 시작됩니다.

처음에는 오글거리고 입에 잘 안 붙을 수도 있겠지만, 부끄러움은 조금 참고 내 채널명을 언급하다 보면 다른 사람들도 나를 그렇게 불러주는 유튜버가 될 수 있습니다.

영상만큼 좋은 목소리가 중요하다

유튜브에서 영상만큼이나 중요한 것이 오디오입니다. 좋은 목소리로 정보를 전달하는 것은 생각보다 큰 경쟁력입니다. 정보는 영상보다 목소리를 통해서 전달되기 때문입니다. 듣기 편안한 목소리나 전달력이 뛰어난 목소리를 갖고 있다면 시청자가 더욱 오랜 시간 영상을 시청하게 할 수 있고, 시청 지속 시간이 늘어나면 앞서 설명한 것처럼 유튜브 알고리즘은 채널 품질이 향상되었다고 판단하므로 더 많은 노출을 기대할 수 있습니다.

목소리가 좋지 않다고 해서 걱정할 필요는 없습니다. 좋은 카메라를 사용하면 사진이 잘 나오는 것처럼 좋은 마이크를 쓰는 것만으로도 충분히 좋은 목소리를 만들어낼 수 있습니다.

처음 들었을 때 '목소리가 좋다'라고 느껴지는 유튜브 채널에서는 대부분 별도의 마이크를 사용합니다. 또한 프리미어 프로나 오디션, 파이널컷 등의 편집 프로그램에서 보정 작업을 거쳐 목소리를 명료하거나 부드럽게 만들 수 있습니다. 다만 고해상도의 사진이나 영상이 후반 편집과 보정에 유리한 것처럼 목소리 녹음본도 좋은 마이크로 녹음할수록 후반 보정에 유리합니다. 여건상 좋은 마이크를 사용하기 어렵다면 대용품으로 스마트폰 녹음기를 사용하는 방법도 있습니다. 그마저도 여의찮다면 최대한 조용한 환경에서 촬영하거나 마이크와 입을 최대한 가까이 두고 촬영하는 것을 추천합니다.

강차분PD의 나는 유튜버다!

영상을 찍을 때는 발음에 주의하자

적당한 마이크에 목소리를 듣기 좋게 세팅했다면 정확한 발음으로 영상을 찍어보세요. 영상의 퀄리티가 훨씬 향상되는 듯한 느낌을 받을 수 있습니다.

나를 어필하자

정보 전달 유튜브 채널의 특징을 살펴보면 본인을 어필하는 영상이 꼭 있습니다. 예를 들어 스마트스토어 운영 방법을 알려주는 채널이라면 한 달에 얼마를 벌었는지에 대한 이야기가 있고, 성공한 사업가의 채널이라면 사업 수익이 월에 얼마 정도는 된다 등의 이야기가 꼭 등장합니다. 잘난 척하는 사람을 좋아하는 사람은 없지만 유튜브의 세계는 조금 다릅니다. 적당히 나의 재력과 능력을 어필해주어야 내가 누구인지, 무엇을 하는 사람인지 알릴 수 있고 내 말에 귀를 기울이도록 할 수 있습니다. 따라서 누군가를 설득할 때는 내 입으로든, 영상에 나오는 증거로든 그 말을 뒷받침해줄 만한 근거가 있어야 설득력이 생깁니다.

미국 유튜버 중에는 본인의 슈퍼카와 재력을 과시하는 영상으로 조회수를 올린 뒤에 자기계발이나 사업 방법 등을 유료 강의로 판매해 수익을 올리는 경우도 있습니다. 우선 나의 성공을 인증한 후 그 성

▲ 자기 능력을 어필하는 영상의 섬네일 예

공 방법을 다시 팔아서 더 큰 성공을 이루는 것입니다. 이와 비슷한 부류의 유튜버를 알고 있다면 자세히 채널을 분석해봅니다. 자신의 직업이나 전문성, 또는 사회적 성공을 어필하는 영상이 한두 개 정도는 꼭 있다는 공통점을 발견할 수 있을 것입니다.

> 남들보다 잘하는 점을 주제로 유튜브 영상을 만들기로 마음먹었다면 부끄럽고 민망하더라도 본인이 잘하는 점을 충분히 어필해주어야 합니다.

알고리즘처럼 생각하고 노출하자

앞서 알고리즘의 작동 방법에 대해서 간략히 설명했습니다. 이제는 내 영상이 알고리즘의 도움을 받아 널리 노출되려면 어떻게 해야 하는지 알아보겠습니다.

알고리즘은 입력된 데이터부터 검증한다

연인이 되고 싶은 사람의 마음을 사로잡기 위해서 처음으로 하는 행동은 연인을 관찰하고 정보를 수집하는 일입니다. 영화 취향이나 좋아하는 음식 등 그 사람과 관계된 모든 것을 세심하게 인지합니다. 만약 상대방이 술을 잘 마신다고 이야기했다면 우선은 '술을 잘 마신다'는 데이터를 입력해두고 이 데이터가 진실이라는 가정하에 술을 같이 마셔보면서 사실 여부를 검증합니다. 상대방의 입에서 나온 말을 가장 신뢰하지만 이후에는 반복적으로 술자리를 함께하면서 더 정확하게 사실을 분석해보는 것입니다. 그러면 '같이 술을 마셔

보니 생각보다 잘 마시지 못하더라', '소주는 1병 정도 먹더라', '맥주를 더 잘 마시더라', '안주로 치킨을 좋아하더라' 등과 같이 데이터가 세밀해집니다. 데이터를 모아갈수록 상대방이 좋아하는 메뉴에 적당한 주량을 권할 수 있게 되는 것입니다. 예를 들어 '오징어볶음에 소주 반병 정도면 딱 좋더라' 같은 것을 알게 됩니다.

알고리즘은 내 취향에 맞춰 영상을 제시한다

> 알고리즘, 즉 AI도 마찬가지 방법으로 나에게 맞춤 데이터를 수집하고 제시합니다.

첫 단계로 내 검색 키워드에 맞는 영상을 1차원적으로 나열해서 보여줍니다. 예를 들어 '1박 2일'이라고 검색했다면 예능 프로그램 〈1박 2일〉에서 가장 인기가 좋았던 영상을 보여주고 추가로 프로그램 출연자의 다른 예능 프로그램 영상을 보여줄 수 있습니다. 또 다른 예능 카테고리인 〈무한도전〉을 보여줄 수도 있습니다. 이후 사용자의 반응을 수집하고, 또 다른 영상을 제시하면서 조금씩 나의 취향을 알아가게 됩니다. 그렇다면 시청자들의 취향에 맞춰 내 영상이 제시될 수 있도록 알고리즘의 선택을 받으려면 어떻게 해야 할까요?

알고리즘은 내 영상의 경쟁력을 끊임없이 검증한다

알고리즘은 우선 채널 운영자가 주장하는 바를 그대로 믿고 검증하는 단계로 넘어가려고 합니다. 주장하는 바는 유튜브 영상의 제목이나 영상의 설명을 의미합니다. 알고리즘은 제목이 명확할수록 제목과 내용이 부합하는지 검증하려고 할 것이므로 명확한 제목을 붙인 영상이라면 제목에 부합되는 내용으로 영상이 만들어져야 합니다.

예를 들어 알고리즘이 '라면 잘 끓이는 방법'이라는 영상의 제목과 내용이 부합한다고 판단하면 그다음 단계에서는 일반적인 요리 유튜버와 라면 끓이는 영상을 비교해보거나 라면을 요리하는 것보다 라면 먹는 것을 좋아하는 시청자에게 영상을 노출해서 얼마나 영상을 시청하는지 지켜보는 등 추가 검증을 거치게 될 것입니다. 여기에서도 합격점을 받는다면 라면 요리뿐만 아니라 다른 요리를 검색하는 시청자에게도 영상을 노출하는 등 더 많은 시청자에게 영상을 노출하게 됩니다.

이러한 방식으로 영상을 업로드했을 때 먼저 누구에게 내 영상이 노출될지 가늠해볼 수 있습니다. 1차 노출에만 만족할 것이 아니라 2차 노출 단계에서 알고리즘이 내 영상을 확대 검증할 때 어떻게 경쟁력을 가질 것인지 고민해본다면 더 많은 조회수를 얻을 수 있습니다. 영상을 업로드할 때는 '#라면잘끓이는법', '#라면', '#요리' 등의 태그를 입력하는 것처럼 알고리즘 AI도 내가 붙인 태그를 검증하고, 또 나름대로 보이지 않는 태그를 붙여둔다고 생각하면 쉽습니다.

길고 재미있는 영상이 유리하다

영상을 만들다 보면 길게 만들지, 짧고 재미있게 만들지를 고민하는 순간이 옵니다. 물론 지루하고 긴 영상을 만드는 것보다 짧고 재미있는 영상을 만드는 것이 좋지만 가장 모범 답안은 '길고 재미있는 영상'을 만드는 것입니다. 10분짜리 영상을 2분 시청하는 것과 1분짜리 영상을 12초 시청하는 것은 시청 지속 시간에서는 20%로 동일하지만 영상의 총 시청 시간에서는 큰 차이를 보입니다. 1분짜리 영상은 10분짜리 영상에 비해서 시청 시간이 1/10에 불과합니다. 유튜브는 시청자를 유튜브에 오래 붙들어둘 수 있는 유튜버를 선호하므로, 당연히 총 시청 시간이 긴 유튜브 채널을 더 좋아할 수밖에 없습니다.

영상을 길게 만드는 것이 유리한 이유는 또 있습니다. 어떤 시청자가 우연히 내 영상을 클릭해 들어왔을 때 한 명의 시청자라도 내 영상을 끝까지 시청해준다면 매우 긴 시청 시간을 확보하게 됩니다.

전체 영상을 모두 시청한다고 가정했을 때 10분짜리 영상으로 10분의 시청 시간을 확보하려면 한 명의 시청자로 충분하지만 1분짜리 영상일 경우에는 10명의 시청자가 필요합니다. 1분짜리 영상이라면 조회수가 10배는 나와야 동일한 시청 시간을 확보할 수 있습니다.

> 영상을 만들 때는 적당히 길이감 있게 만드는 것이 중요합니다. 무조건 길기만 하다고 유리한 것은 아니므로 길면서도 재미있는 영상을 기획해보길 바랍니다.

준비된 자만이 기회를 잡는다

앞서 이야기한 방법을 하나씩 지켜가면서 유튜브를 꾸준히 하다 보면 많은 기회가 찾아옵니다. 꼭 대형 유튜버가 되지 않더라도 채널을 운영하면서 만날 기회에는 어떤 것들이 있는지 알아보겠습니다.

내 채널의 진정한 팬을 얻을 수 있다

첫 번째 기회는 영상이 '떡상'되는 것입니다. 영상을 업로드하다 보면 그중 하나의 영상이 많은 조회수를 기록하게 되고 그 영상으로 인해 유입된 시청자들이 구독자로 전환되는 기회를 맞을 수 있습니다. 시청자가 '아, 이런 보물 같은 유튜버를 내가 모르고 있었구나!'라고 느낀다면 [구독] 버튼을 클릭하게 됩니다.

구독자가 내 영상에 만족했다면 채널 내의 영상 중 조회수는 낮지만 양질의 콘텐츠를 하나씩 찾아보게 될 것입니다.

잘 만든 하나의 영상만으로 구독자는 채널 내 다른 영상의 조회수도 끌어올려 줍니다. 양질의 콘텐츠를 갖추는 것이 중요하다고 이야기하는 이유가 여기에 있습니다. 한 편의 영상이라도 시청자를 만족시켜서 구독을 끌어내고 여기에 내 채널의 다른 좋은 영상이 더해진다면 진정한 팬을 만들 수 있습니다.

강의나 사업 제안을 받을 수 있다

두 번째 기회는 강의나 사업 제안이 들어올 수 있다는 것입니다. 내가 다루는 영상이 특수 분야라면 이러한 분야에서는 전문가를 찾기가 어렵기 때문에 나를 찾는 사람이 더 많아질 수 있습니다. 어느 순간 강의나 특정 사업 제안이 들어올 수 있으므로, 이때는 고민하지 말고 바로 수락해서 기회를 잡아야 합니다. 내가 다루는 콘텐츠에 대해서 항상 정리해두고 강의나 사업적으로 활용하려면 어떻게 해야 하는지를 미리 고민해보는 것도 좋습니다.

이직 혹은 취업의 기회를 얻는다

채널을 운영하면서 무언가를 열심히 하거나 즐기며 하는 모습은 특정 분야에서 상당히 매력적인 모습으로 비칠 수 있습니다. 내 영상의 콘텐츠와 관련된 기업에서 입사 제의가 오는 경우도 있고, 내가 만든 영상을 취업을 위한 포트폴리오로 활용할 수도 있습니다.

블로그를 해본 사람이 유튜브도 잘한다

많은 블로거가 유튜브를 하고 있습니다. 그중에는 좋은 성적을 내는 경우도 있고, 그렇지 못한 경우도 있지만 대부분은 초보 유튜버보다 유튜브에 잘 적응하면서 채널을 운영합니다.

키워드 노출 경쟁에서 이기는 글을 쓰는 방법

블로거라면 기본적으로 글을 쓰기 전에 기획과 검색을 하게 되는데, 마냥 글을 쓰기 시작해서 써내는 것이 아니라 어떤 글을 써야겠다고 생각한 후 그 글의 전체적인 흐름이나 맥락을 고려해 관련 자료들을 미리 찾아봅니다. 포스팅을 발행할 때는 글의 제목을 해당 포털에서 먼저 검색해보고 유사한 다른 글도 많이 읽어보면서 내가 발행할 글의 경쟁력도 미리 가늠해봅니다. 이러한 과정을 거친 후 글을 쓰게 되면 내가 써야 할 글의 기획 조사가 이미 이루어졌기 때문에 경쟁력 있는 글을 쓸 수 있습니다. 검색 최적화와 검색 순위 상위 노출에 따라 조회수가 민감하게 변동하므로, 이를 신경 쓰는 블로거들은 기본적으로 경쟁에서 이기는 글쓰기 방법을 파악하고 있습니다.

메인 키워드가 어렵다면 서브 키워드를 공략한다

키워드별로 상위 노출의 가능성은 천차만별입니다. 많은 블로거가 이를 몸으로 체득하고 있으며, 본능적으로 본인이 잡을 수 있는 키워드의 레벨을 가늠합니다. 이때 상위 노출을 하고 싶은 키워드가 검색량이 많은 메인 키워드라면 우선 내 블로그의 지수가 상당히 높아야 합니다. 만약 블로그의 경쟁력이 약하다고 판단되면 서브 키워드를 활용한 노출을 고민합니다. 예를 들어 '맛집 추천'이라는 키워드로 글을 쓴다면 메인에 노출되기 위해서는 상당히 치열한 경쟁을 뚫어내야 합니다. 이럴 때는 '종로구 맛집추천'이나 '가성비 맛집추천' 등으로 좀 더 세분화된 키워드를 배치하고 서브 키워드에서 만큼은 상위 노출이 되도록 노력하는 것입니다.

다른 영상과의 차별점이나 검색 최적화를 고려한다

유튜브를 잘하기 위한 활동도 이와 비슷합니다. 영상을 만들 때 영상의 주제를 확정한 후 내용을 정하는 것만 고민할 것이 아니라 기획 단계에서 다른 영상과의 차별점을 고민하거나 검색 최적화까지 고려해야 합니다. 메인 키워드를 선정했다면 유튜브에서 다각도로 검색해본 후 내 채널의 경쟁력을 판단해서 좀 더 세부적인 키워드를 활용할 것인지 결정합니다.

이렇게 검색 최적화에 대한 고민이 끝났다면 이후 영상 제작 단계에서는 영상의 클릭률을 높일 방법을 고민하고, 영상 시청 지속 시간을 길게 만들 방법만 고민하면 됩니다.

자막 업로드 꼭 해야 할까?

유튜브에서 지원하는 자막 기능으로 CC 자막이 있습니다. 유튜브에 영상을 올린 후 검색 등을 이유로 CC 자막을 업로드해야 하는지 물어보는 질문이 많습니다. 결론부터 말하자면 자막은 업로드하면 좋지만 검색 최적화를 위해서 굳이 올릴 필요는 없습니다.

유튜브 알고리즘은 모든 방법을 동원해서 영상의 내용을 파악하려 노력합니다. 그중 하나가 유튜브에서 자동으로 인식해서 게시하는 자동 자막입니다. 유튜브에서는 음성을 인식해서 자동으로 자막을 생성합니다. 비록 한국어는 정확도가 상당히 떨어지지만 영어는 아주 높은 정확도를 보여줍니다. 유튜브 알고리즘이 자동 자막을 생성하는 이유 중 하나는 영상의 내용을 파악하기 위해서입니다. 음성을 인식해서 내용을 파악하고 대략 영상의 주요 키워드를 알아냅니다. 만약 영상에 직접 입력한 자막이 업로드되어 있다면 유튜브 알고리즘은 자동으로 생성된 자막보다 이 자막의 내용을 더 신뢰할 것입니다. 따라서 영상의 내용을 유튜브에서 쉽게 수집할 수 있으므로 자막을 업로드했을 때 조금은 영상 노출에 도움이 됩니다.

다만 자막 작업이 쉽지 않다면 굳이 업로드할 필요는 없습니다. 유튜브 자막을 업로드할 필요가 없는 첫 번째 이유는 검색에 미치는 영향이 미미하다는 것입니다. 두 번째 이유는 한국어 인식이 정확하지 않고, 세 번째는 유튜브 알고리즘에서 영상 내 음성만으로 영상의 내용을 파악하기 힘들다는 것입니다. 화면과 다른 말을 할 수도 있고 영상과 음성을 다르게 사용해 악용할 가능성도 있기 때문에 영상에 대한 키워드 정도만 수집할 뿐 더 많은 정보와 콘텐츠의 맥락을 파악할 수는 없습니다. 하지만 음성 인식에 대한 더 개선된 알고리즘이 적용된다면 언젠가는 음성도 영상을 판단하는 중요한 기준이 될 것입니다.

앞서 이야기한 것처럼 아직까지는 한국어의 음성 인식률이 좋지 않습니다. 상당히 오류가 많기 때문에 이것을 정확한 정보라고 파악할 수 없는 상황입니다. 설령 유튜버가 직접 업로드한 자막이라 할지라도 자막만으로 정확한 문맥을 파악하기는 더 어렵기 때문에 한국어 CC를 거의 검색에 반영하지 못합니다. 구글 번역기가 아무리 좋다고 해도 평소에 쓰는 말을 그대로 적어서 맥락에 맞는 영어로 번역하는 것은 아직 무리입니다.

영상을 많이 올릴까, 퀄리티를 확보할까?

'며칠마다 영상을 업로드해야 할까?'는 늘 고민되는 부분입니다. 정답은 정해져 있지 않지만 영상 노출에 더 유리한 방향은 분명 있습니다. 영상은 자주, 많이 올릴수록 채널이 잘될 확률이 더 높아집니다. 같은 퀄리티의 영상을 만들어서 업로드한다고 가정했을 때 업로드를 많이 할수록 총 구독자 증가, 영상당 시청 시간 등이 더 많이 쌓일 수밖에 없으므로 당연히 더 좋은 결과를 기대할 수 있습니다.

하지만 완성도가 낮은 영상을 많이 업로드하는 것은 도움이 되지 않습니다. 반대로 높은 퀄리티의 영상을 제작하고 업로드하기에는 많은 시간과 정성이 필요합니다. 이때 가장 좋은 방법은 편집이나 촬영 스태프를 따로 구해서 본인은 영상의 출연, 기획만 하는 것입니다. 그러면 영상의 퀄리티와 영상 개수를 모두 확보할 수 있습니다. 다만 비용 등의 문제로 여의찮은 경우가 많으므로 영상을 많이 올릴 것인지, 퀄리티를 잡을 것인지 선택해야 할 수도 있습니다.

필자는 영상의 퀄리티를 약간 포기하더라도 꾸준히 업로드를 이어 가는 것이 좋다고 조언합니다. 단, 퀄리티를 포기할 때는 편집의 공수나 촬영 기법 위주로 타협하되, 영상의 내용만큼은 타협하면 안 됩니다. 좋은 내용을 깔끔하게 컷 편집해서 최대한 자주 올리는 것을 목표로 삼으면 채널 성장에는 도움이 됩니다. 영상을 좋은 장비로 찍거나 화려하고 깔끔하게 편집하는 것은 부가적인 옵션 사항일 뿐입니다. 영상의 기본은 좋은 내용, 좋은 기획이라는 점을 항상 잊지 말아야 합니다.

콘텐츠의 타깃을 최대로 확장하여 기대 노출을 만드는 방법

콘텐츠를 만들 때는 내 영상의 타깃을 설정한 후 영상을 볼 만한 시청자를 예측하고 영상을 제작하게 됩니다. 우선 시청자는 한국인을 대상으로 할지, 전 세계 사람을 대상으로 할지, 아니면 젊은 층을 대상으로 할지, 중장년 층을 대상으로 할지 등 여러 가지 기준으로 영상의 예상 시청자를 세분화할 수 있습니다. 이런 세분화된 기준을 통해 내가 만든 콘텐츠를 볼 시청자의 폭이 얼마나 넓을지 미리 가늠해보겠습니다.

예를 들어 '말레이시아 코타키나발루 여행하기'라는 영상을 만들면 어떨까요? 내 영상을 시청할 비중이 가장 높은 시청자는 말레이시아 코타키나발루 여행을 앞둔 사람, 또는 한국인에 한정될 것입니다. 이 영상은 코타키나발루 여행을 고민하는 사람에게는 정확하게 노출되겠지만 주제 면에서 해당 타깃 외의 다른 교집합을 만들 수 없기 때문에 더 넓고 정교한 노출을 기대하기 어렵습니다. 그렇다면 비슷한 주제의 영상을 가지고 타깃의 교집합을 늘리는 방식으로 더 많은 노출을 만들어내려면 어떻게 해야 할까요?

우선 영어 제목과 영어 자막을 업로드합니다. 기대 노출 범위가 한국인에서 말레이시아 코타키나발루로 여행을 가려고 마음먹은 전 세계 사람으로 확장될 수 있습니다. 제목도 약간 변형하여 노출 범위를 넓혀봅니다. '대학생', '방학', '여자', '혼자 여행' 등의 키워드를 추가해서 제목을 만들어보는 것입니다. '여대생 혼자 여행해본 말레이시아 코타키나발루'와 같은 방식으로 제목을 조금만 변경해도 코타키나발루 예비 여행자와 더불어 이곳에 여행을 가고 싶은 대학생이나 혼자 여행을 가고 싶은 여성 시청자의 관심을 이끌어낼 수 있습니다. 이렇게 적합한 키워드를 영어 자막으로 올리면 알고리즘은 조금 더 넓은 범위로 영상을 노출해줍니다. 추가 노출로 동남아 여행을 준비하는 사람에게 추천 영상으로 보여줄 수도 있습니다. 말레이시아 코타키나발루 여행은 동남아라는 큰 범주 안에 들어 있고, 또 다시 여행이라는 더 큰 범주에도 속하는 교집합이기 때문입니다.

얼만큼 시청자가 영상에 만족하느냐에 따라서 더 큰 범주로도 노출될 수 있습니다. 시청자가 검색해서 들어온 키워드나 시청자의 만족도에 따라 다른 방향으로 영상이 확산되므로 모든 방향을 열어두고 영상의 확산을 고려해야 합니다. '여대생 혼자 여행해본 말레이시아 코타키나발루'라는 영상이 가장 확산이 잘될 경우를 예상해보면 여행을 좋아하는 사람들, 여행이 가고 싶은 사람들 전부에게 노출되는 것입니다.

댓글로 나만의 팬을 만드는 방법

유튜브를 시작하고 가장 기쁜 순간, 혹은 가장 충격을 받는 순간을 꼽아보자면 아마 처음으로 댓글이 달렸을 때일 것입니다. 좋은 내용의 댓글이라면 가장 행복한 날이 되겠지만 악플이라도 달린다면 가장 충격적인 날이 될 수도 있습니다. 이후 영상을 꾸준히 올리고 시청자의 반응이 생기다 보면 댓글은 하나둘씩 늘어가는데 누군가는 응원을 하고, 누군가는 질문을 하며, 누군가는 비판을 할 것입니다.

이렇게 많은 댓글에 대댓글을 달 때 어떤 댓글에는 답변을 달고, 어떤 댓글에는 답변을 하지 않고 넘어가자니 어색한 생각이 들기도 합니다. 그렇다고 모든 댓글에 전부 답변을 하자니 너무 많고, 아무 답변도 하지 않으려고 마음먹으면 너무 소통을 하지 않는 게 아닐까 싶어서 고민스러울 때가 있습니다.

영상의 댓글에 대응하는 방법은 유튜버마다 천차만별입니다. 댓글이 몇 개 안 달릴 때는 전부 하나하나 답변을 달아주기도 하고 처음부터 아무 댓글에도 반응하지 않는 경우도 있습니다. 대댓글을 다는 요령에 대해서 정답은 없지만, 추천할 만한 가이드는 있습니다.

첫째, 대댓글을 달아줄 때는 가장 위트 있거나 영상의 요점을 꼭 짚어서 말해준 댓글에 다는 것입니다. 시청자는 영상을 보면서 반응이 좋은 댓글을 함께 읽어보는데, 영상 내 재미있었던 부분을 언급하거나 요점을 잘 말해준 댓글을 보면서 영상에 대한 이해도를 높히거나 기대를 키우게 됩니다.

두 번째로 부정적인 댓글에는 굳이 반박 답변을 달거나 화를 내지 말아야 합니다. 아무리 말이 안 되는 내용을 주장하는 댓글이라도 '그럴 수 있다'고 생각하고 무반응으로 넘기게 되면 보통 해당 댓글은 사람들의 관심을 받지 못해서 아래로 내려가기 마련입니다. 그런 댓글에 발끈해서 반응했다가 혹시라도 반박 댓글이 추가로 달리면서 논쟁이 벌어지게 되면 오히려 역효과가 날 수도 있습니다. 관심을 주지 않는 것마저도 쉽지 않다면 해당 댓글만 숨기기를 하는 방법도 있으므로 굳이 나쁜 댓글에 반응하거나 마음 쓰지 않는 것을 추천합니다.

세 번째로 자주 댓글을 남겨주는 시청자에게 대댓글을 남겨주는 것도 좋습니다. 댓글을 한 번 남기면 시청자, 두 번 남기면 애청자라고 생각합니다. 애청자에게 유튜버가 대댓글을 달아준다면 어떻게 될까요? 그 애청자는 시간이 지나도 이탈하지 않는 나만의 팬이 될 것입니다.

강차분PD의 나는 유튜버다!

댓글 외의 소통 방법

댓글에 대응하는 몇 가지 방법을 소개했지만 정답은 아니며 유튜버가 꼭 댓글로 소통할 필요는 없습니다. 소통이 필요하다면 커뮤니티 게시글이나 개인 SNS를 활용하는 방법도 있습니다. 유튜브 영상의 모든 댓글을 전부 다 읽지 않거나 아무 댓글에도 답변을 달지 않아도 채널에 문제가 될 부분은 없으므로 편하게 관리합니다.

CHAPTER 04

유튜브를 더 잘하기 위해 알아야 할 것들

유튜브는 우리가 유튜브 운영을 더 잘할 수 있게 하기 위해서 여러 가지 분석 툴을 제공합니다. 이러한 분석 툴을 제대로 이해한다면 채널을 전략적으로 운영할 수 있습니다. 분석 툴에는 어떤 것이 있고 채널 운영 시 꼭 알아야 하는 내용은 무엇인지 살펴보겠습니다.

유튜브 스튜디오 화면 구성과 분석 방법 알아보기

이제 우리는 기획을 끝내고 본격적으로 유튜브 채널을 개설했습니다. 유튜브 채널을 만들면 구글에서 제공하는 유튜브 스튜디오에 접속할 수 있습니다. 유튜브 스튜디오에서는 많은 정보를 얻을 수 있는데요. 유튜브 채널을 운영할 때 꼭 알아야 할 유튜브 스튜디오 구성에 대해서 알아보겠습니다.

유튜브 스튜디오 첫 화면

▲ 유튜브 스튜디오 첫 화면

유튜브 스튜디오의 첫 화면입니다. 유튜브 스튜디오에서는 최근에 올린 동영상의 성적이나 구독자의 증감, 최신 댓글 등의 반응을 알 수 있습니다. 좀 더 자세한 정보가 필요할 때는 왼쪽의 세부 메뉴를 클릭하여 상세한 정보를 확인합니다.

[콘텐츠] 메뉴

업로드한 콘텐츠를 확인할 수 있으며 공개 상태, 수익 창출, 업로드 날짜, 조회수와 댓글, 좋아요/싫어요 등을 간략히 확인할 수 있습니다.

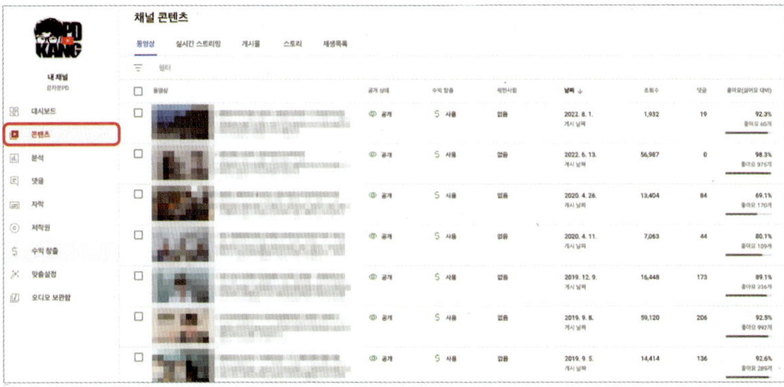

▲ 채널 콘텐츠

콘텐츠 영상의 제목 위로 마우스 포인터를 올리면 다음과 같은 버튼이 나옵니다. 이 화면에서 콘텐츠의 수정, 분석, 댓글 관리, 수익 창출 여부를 간단히 수정할 수 있습니다. 화면의 달러 표시는 유튜브 수익 창출이 허가되지 않은 경우에는 표시되지 않을 수 있습니다.

▲ 콘텐츠 관리 메뉴

가장 오른쪽의 점 세 개 ⋮ 를 클릭하면 기타 옵션이 나오는데, 기타 옵션에서 제목 및 설명 수정, 공유, 홍보, 저장, 삭제 등을 진행할 수 있습니다.

◀ [콘텐츠]의 기타 메뉴

[재생목록] 탭

내가 만든 재생목록을 볼 수 있고 새로 만들거나 수정할 수도 있습니다.

▲ 채널 콘텐츠의 [재생목록] 탭

[분석] 메뉴

[분석] 메뉴는 생각보다 많은 지표를 제공하므로 자세히 살펴본다면 많은 정보를 얻을 수 있습니다.

[개요] 탭

내 채널의 조회수, 시청 시간, 구독자 증감 및 추정 수익 등을 볼 수 있습니다.

▲ 채널 분석의 [개요] 탭

[개요] 탭의 오른쪽 상단에는 기간이 표시되는데, 클릭하면 분석할 기간을 선택할 수 있습니다.

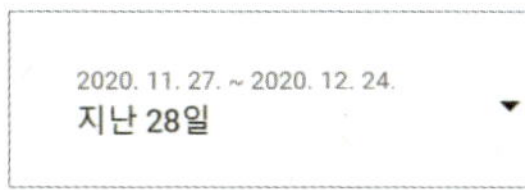

분석할 기간을 선택하면 원하는 기간의 채널 성적을 볼 수 있습니다. [전체]를 클릭해보겠습니다.

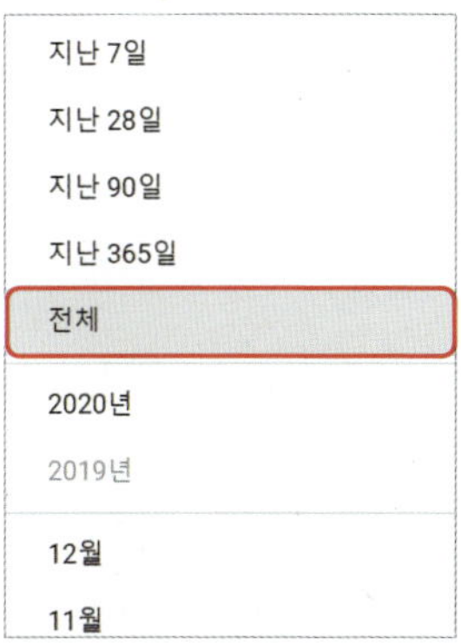

채널 개설 이후 전체 기간의 조회수와 시청 시간, 구독자 증감 등을 볼 수 있습니다.

▲ 전체 기간의 조회수와 시청 시간, 구독자 증감, 추정 수익

[콘텐츠] 탭

[분석] 메뉴에서 [콘텐츠] 탭을 클릭하면 실적이 좋은 영상과 시청 지속 시간의 추이, 인기 동영상 등을 볼 수 있습니다.

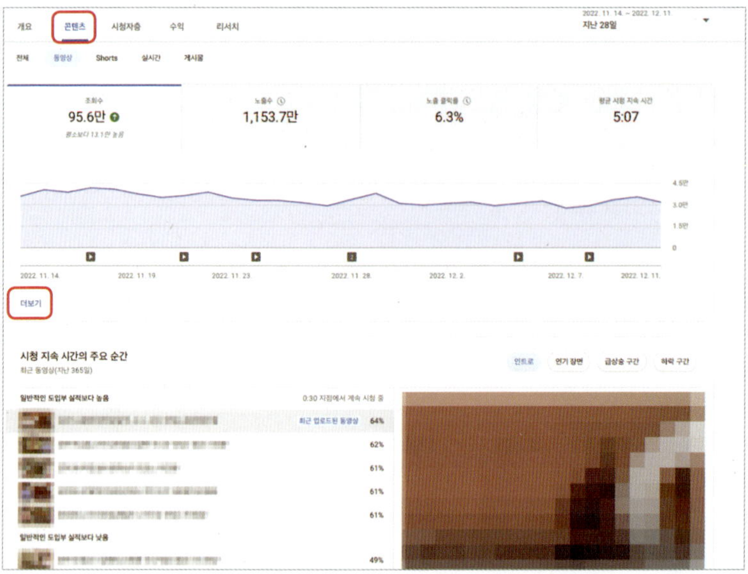

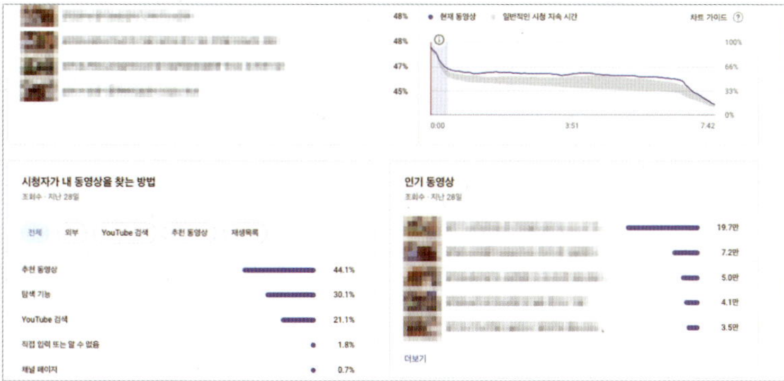

▲ [콘텐츠] 탭 내 항목

[콘텐츠] 탭 내 [더보기]를 클릭했을 때 나타나는 화면에서는 채널을 운영하며 확인해야 할 정보를 전부 볼 수 있습니다. 내 영상이 얼마나 노출되었는지, 노출 대비 클릭률 및 시청 시간 등을 알 수 있습니다.

노출은 많이 되었지만 클릭률이 높지 않다면 제목과 섬네일이 클릭하고 싶게 제작되었는지 고민해봅니다. 노출 자체가 많지 않다면 제목과 설명란에 충분히 영상의 키워드를 담고 있는지 고민해봐야 합니다.

[콘텐츠] 탭–[더보기]–[트래픽 소스]

[콘텐츠] 탭 내 [더보기]를 클릭했을 때 나타나는 화면에서 특히 눈여겨 보아야 할 부분은 [트래픽 소스] 항목입니다. [트래픽 소스] 항목을 하나씩 살펴보겠습니다.

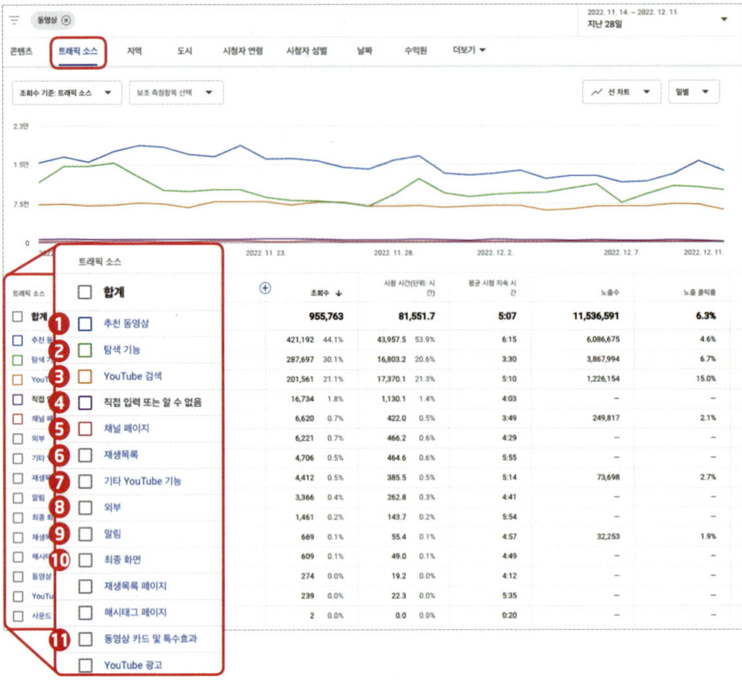

▲ [콘텐츠] 탭 – [더보기] – [트래픽 소스] 항목

❶ 추천 동영상

추천 동영상 비율이 높으면 유튜브 알고리즘이 내 영상을 다른 채널의 영상을 시청한 시청자에게 추천해주고 있다고 생각하면 됩니다. 직접 클릭해보면 어떤 영상의 다음에 내 영상이 추천되었는지도 알 수 있습니다. 주로 비슷한 영상을 올리는 타 채널의 추천 영상에 노출됩니다.

❷ 탐색 기능

내 영상과 비슷한 영상을 시청하는 시청자의 홈 화면 피드에 영상이 노출되어 유입되는 트래픽입니다. 주로 조회수가 높은 영상이 탐색 기능으로 유입됩니다. 각 세부 항목을 클릭해보면 더 자세한 지표를 볼 수 있습니다.

❸ YouTube 검색

유튜브에 시청자가 검색한 검색어로 내 채널에 유입되었을 때 발생하는 트래픽입니다. 내 영상에 적절한 키워드와 정보가 담겨 있는지 분석해볼 수 있습니다. 역으로 내 채널에 찾아오는 시청자가 어떤 키워드를 주로 검색해보는지도 알 수 있습니다.

❹ 직접 입력 또는 알 수 없음

영상의 주소를 직접 입력하여 유입된 트래픽입니다. 유입 경로를 알 수 없는 트래픽도 확인이 가능합니다.

❺ 채널 페이지

자신의 유튜브 채널 페이지 또는 다른 채널 페이지에서 발생한 트래픽입니다.

❻ 재생목록

본인 혹은 다른 사람이 만든 재생목록에서 발생한 트래픽입니다.

❼ 기타 YouTube 기능

대시보드 등 기타 기능으로 유입된 트래픽입니다.

❽ 외부

내 영상을 퍼가거나 외부에서 채널 링크를 통해 유입된 트래픽입니다. 주로 공유 기능을 이용해 다른 곳에 내 영상이 게재되었을 때 많이 발생합니다.

⑨ 알림

동영상 업로드 시 구독자에게 발송되는 알림으로 인해 발생한 트래픽입니다.

⑩ 최종 화면

다른 영상의 최종 화면에서 다음 동영상 또는 추천 동영상으로 게시해 발생하는 트래픽입니다.

⑪ 동영상 카드 및 특수효과

동영상에 삽입한 카드 등을 클릭해 발생한 트래픽입니다.

[콘텐츠] 탭-[더보기]-[지역]

[지역] 항목을 클릭하면 동영상의 지역별 조회수, 평균 시청 지속 시간 등을 확인할 수 있습니다. 본인이 영어 자막을 사용한다면 유의미한 분석을 할 수 있습니다.

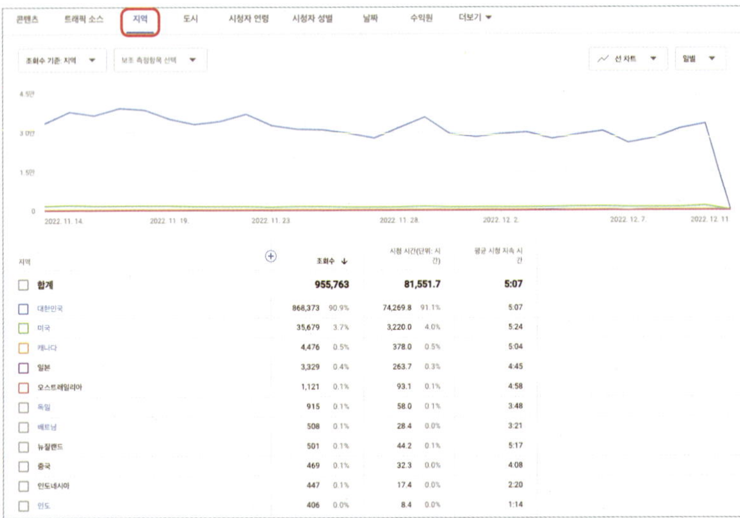

▲ 지역별 조회수와 평균 시청 지속 시간

[콘텐츠] 탭-[더보기]-[시청자 연령]

시청자 연령에 따라 조회수, 평균 시청 지속 시간 등을 분석해볼 수 있습니다. 내 영상을 어느 연령층이 보고 좋아하는지 알 수 있습니다.

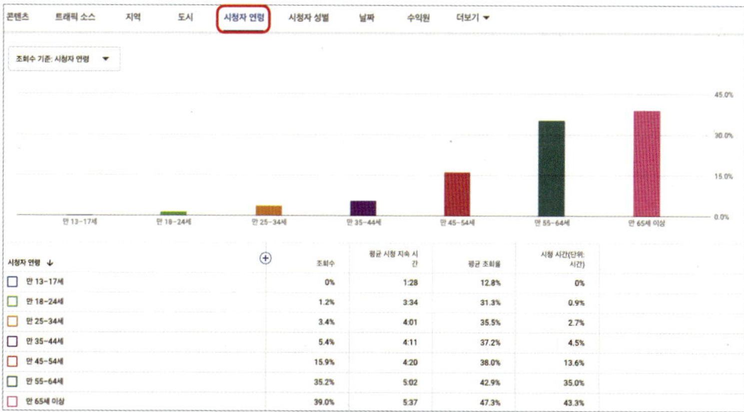

시청자 연령	조회수	평균 시청 지속 시간	평균 조회율	시청 시간(단위: 시간)
만 13-17세	0%	1:28	12.8%	0%
만 18-24세	1.2%	3:34	31.3%	0.9%
만 25-34세	3.4%	4:01	35.5%	2.7%
만 35-44세	5.4%	4:11	37.2%	4.5%
만 45-54세	15.9%	4:20	38.0%	13.6%
만 55-64세	35.2%	5:02	42.9%	35.0%
만 65세 이상	39.0%	5:37	47.3%	43.3%

▲ 시청자 연령에 따른 조회수와 평균 시청 지속 시간

[콘텐츠] 탭-[더보기]-[시청자 성별]

내 영상을 주로 시청해주는 시청자의 성별을 알 수 있습니다.

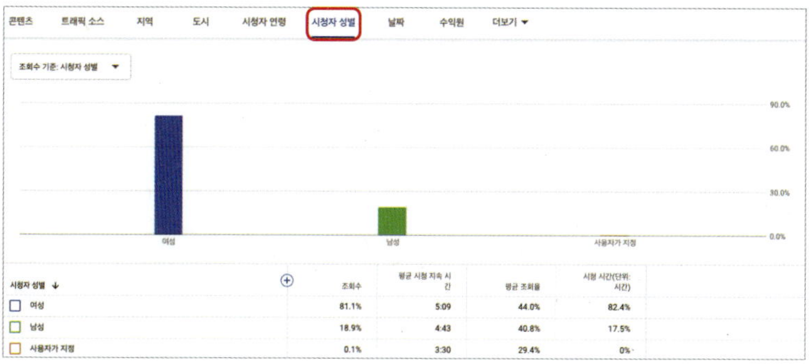

시청자 성별	조회수	평균 시청 지속 시간	평균 조회율	시청 시간(단위: 시간)
여성	81.1%	5:09	44.0%	82.4%
남성	18.9%	4:43	40.8%	17.5%
사용자가 지정	0.1%	3:30	29.4%	0%

▲ 시청자의 성별에 따른 조회수와 평균 시청 지속 시간

[콘텐츠] 탭-[더보기]-[날짜]

날짜별 조회수, 평균 시청 지속 시간, 추정 수익 등을 볼 수 있습니다.

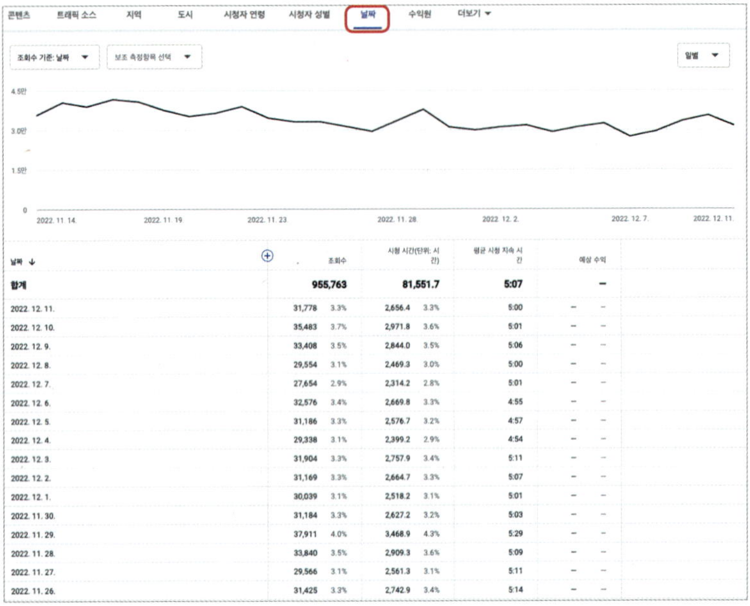

날짜 ↓	조회수		시청 시간(단위: 시간)		평균 시청 지속 시간	예상 수익	
합계	955,763		81,551.7		5:07	–	
2022. 12. 11.	31,778	3.3%	2,656.4	3.3%	5:00	–	–
2022. 12. 10.	35,483	3.7%	2,971.8	3.6%	5:01	–	–
2022. 12. 9.	33,408	3.5%	2,844.0	3.5%	5:06	–	–
2022. 12. 8.	29,554	3.1%	2,469.3	3.0%	5:00	–	–
2022. 12. 7.	27,654	2.9%	2,314.2	2.8%	5:01	–	–
2022. 12. 6.	32,576	3.4%	2,669.8	3.3%	4:55	–	–
2022. 12. 5.	31,186	3.3%	2,576.7	3.2%	4:57	–	–
2022. 12. 4.	29,338	3.1%	2,399.2	2.9%	4:54	–	–
2022. 12. 3.	31,904	3.3%	2,757.9	3.4%	5:11	–	–
2022. 12. 2.	31,169	3.3%	2,664.7	3.3%	5:07	–	–
2022. 12. 1.	30,039	3.1%	2,518.2	3.1%	5:01	–	–
2022. 11. 30.	31,184	3.3%	2,627.2	3.2%	5:03	–	–
2022. 11. 29.	37,911	4.0%	3,468.9	4.3%	5:29	–	–
2022. 11. 28.	33,840	3.5%	2,909.3	3.6%	5:09	–	–
2022. 11. 27.	29,566	3.1%	2,561.3	3.1%	5:11	–	–
2022. 11. 26.	31,425	3.3%	2,742.9	3.4%	5:14	–	–

▲ 날짜별 조회수와 평균 시청 지속 시간

[콘텐츠] 탭-[더보기]-[수익원]

날짜별 광고 수익을 볼 수 있습니다.

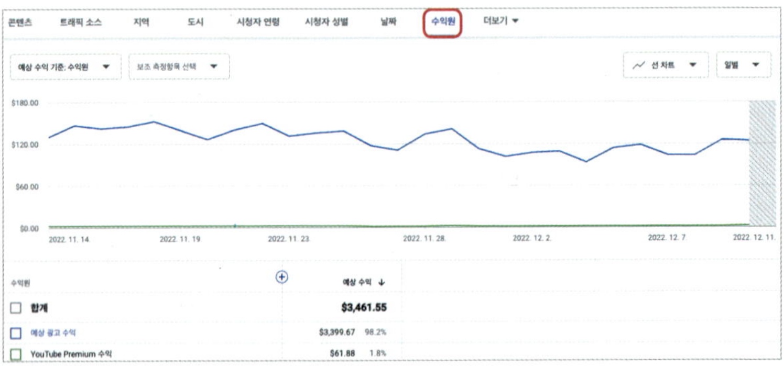

수익원	예상 수익 ↓	
합계	$3,461.55	
예상 광고 수익	$3,399.67	98.2%
YouTube Premium 수익	$61.88	1.8%

▲ 수익원에 따른 추정 수익

[콘텐츠] 탭-[더보기]-[구독 상태]

내 영상의 구독 상태별 조회수나 평균 시청 지속 시간 등을 알 수 있습니다.

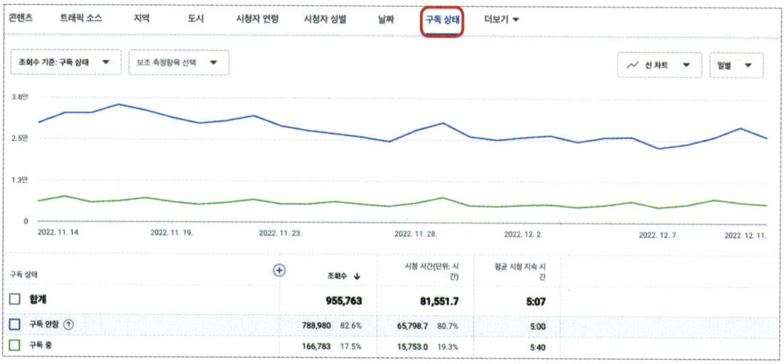

▲ 구독 상태별 조회수와 평균 시청 지속 시간

[콘텐츠] 탭-[더보기]-[구독 소스]

내 채널을 구독하게 된 경로를 알 수 있습니다.

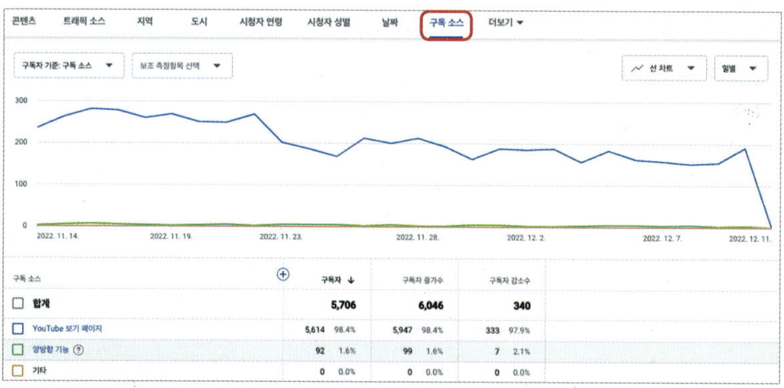

▲ 구독 소스별 구독자 증감 추이

이 외에도 [더보기]를 눌러보면 많은 분석 지표를 제공하므로 하나씩 눌러보면서 채널을 분석해보는 것이 좋습니다. 이러한 분석은 채널 전체의 분석뿐 아니라 한 영상만의 지표를 제공해주기도 합니다.

특정 영상을 클릭한 후 [분석]을 클릭하면 채널 전체에 대한 분석이 아닌 해당 영상에 대한 분석만을 제공하는데, 하나하나의 영상을 분석해봄으로써 내 영상의 반응을 자세히 알 수 있습니다.

[주요 순간] 탭

유튜브 스튜디오에서는 콘텐츠마다 주요 순간을 확인할 수 있습니다. 유튜브 스튜디오에서 [콘텐츠] 메뉴를 클릭하고 이미 업로드된 콘텐츠의 제목을 클릭합니다. 왼쪽의 [분석]을 누르면 콘텐츠 관련 자세한 분석 내용을 볼 수 있습니다.

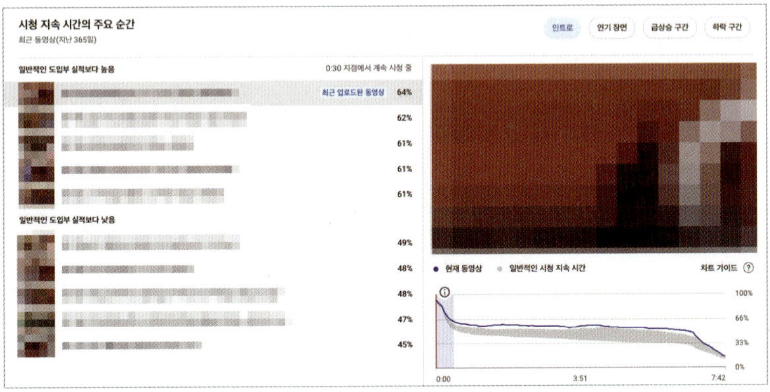

▲ 시청 지속 시간의 주요 순간

이 중에서 [급상승 구간], [하락 구간] 항목을 보면 시청자가 어느 부분에서 영상에 관심이 높아졌는지, 어느 부분에서 급격하게 영상을 이탈했는지를 확인할 수 있습니다. 이를 통해 어떤 부분을 시청자가 좋아하고 싫어하는지 알 수 있습니다.

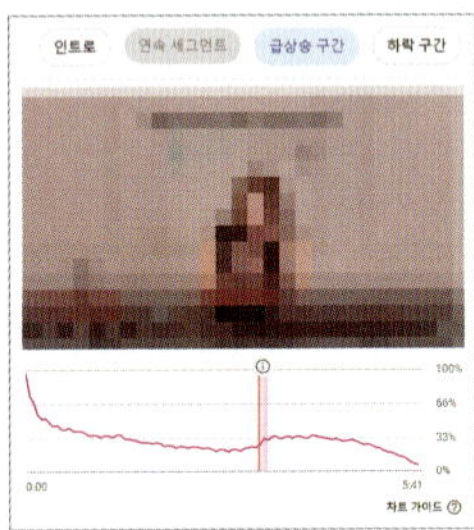

▲ 영상 내 급상승 구간

[시청자층] 탭

[시청자층] 탭을 클릭하면 시청자당 평균 조회수와 구독자 증감 등을 볼 수 있습니다.

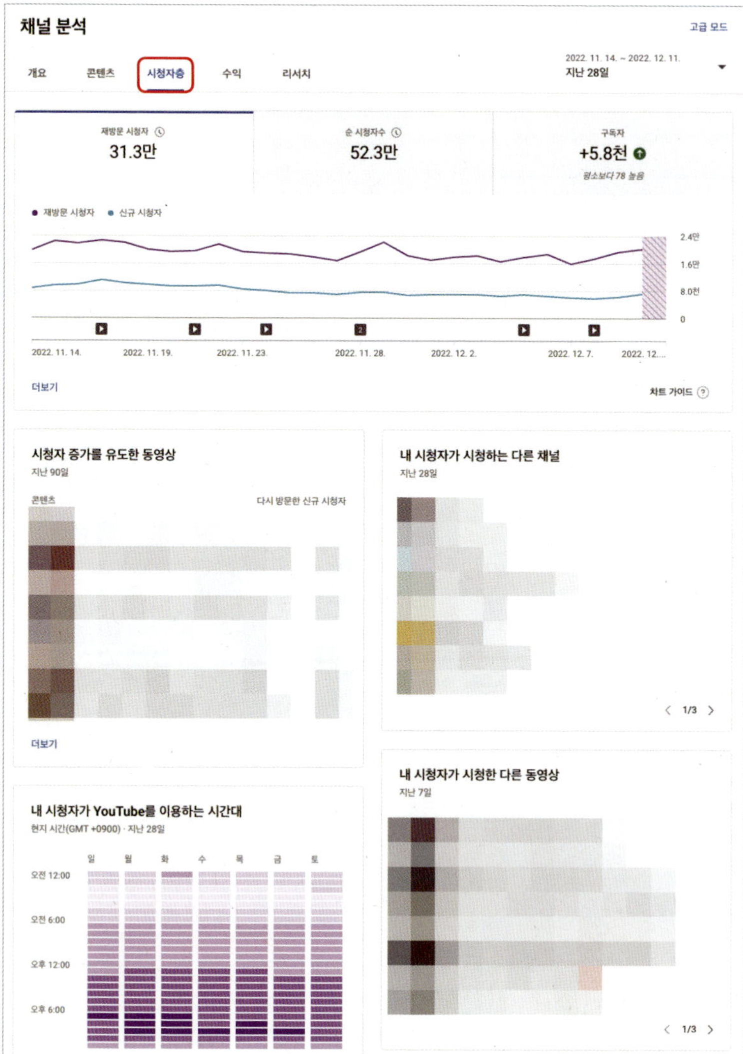

▲ [시청자층] 탭

[수익] 탭

[수익] 탭에서는 이번 달의 정산일까지 예상되는 수익을 확인할 수 있습니다. 세부 항목에서 월별 예상 수익과 콘텐츠별 수익을 볼 수 있습니다.

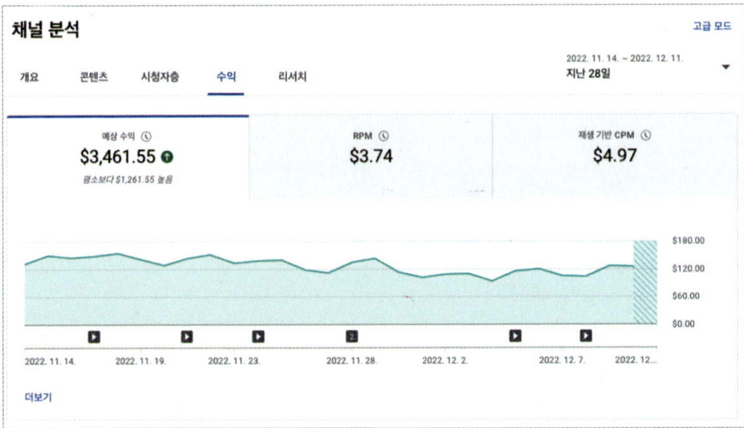

▲ 날짜별 예상 수익

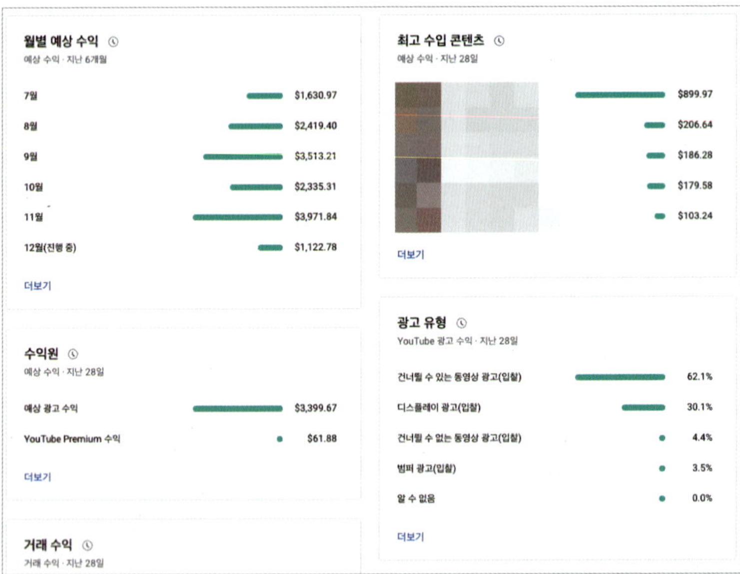

▲ 월별 예상 수익과 콘텐츠별 수익

그 외에 [리서치] 탭에서는 유튜브 전반의 주요 검색어와 내 시청자의 검색어 등을 볼 수 있습니다. 시청자가 사용하는 인기 검색어를 조사할 때 활용합니다.

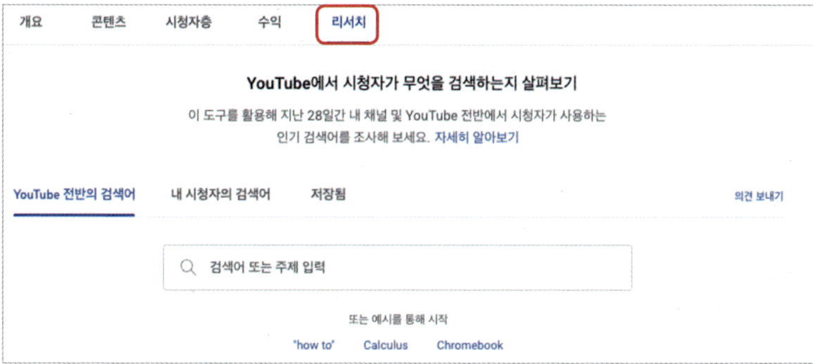

▲ 인기 검색어 조사

[댓글] 메뉴

최근에 게시된 댓글과 검토 대기 중인 댓글을 확인할 수 있습니다. 검토 대기 중에 있는 댓글은 스팸일 수 있어 자동 보류되거나 분리됩니다. 60일 후 자동으로 삭제되므로 확인한 후 삭제 또는 게시를 선택할 수 있습니다.

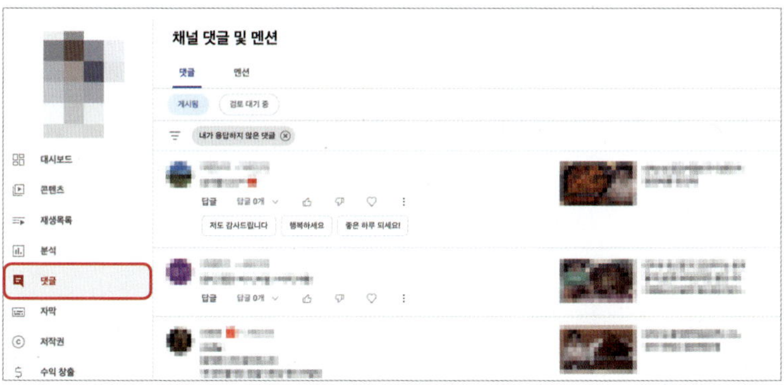

▲ 채널 댓글

[자막] 메뉴

유튜브 CC 및 번역 자막을 게시할 수 있습니다. 오른쪽의 언어 부분을 클릭하면 영어 자막 등을 설정할 수 있습니다.

▲ 채널 자막

[저작권] 메뉴

내가 받은 저작권 침해 신고 사실과 내 영상의 저작권을 침해한 사실을 구글에서 알려줍니다.

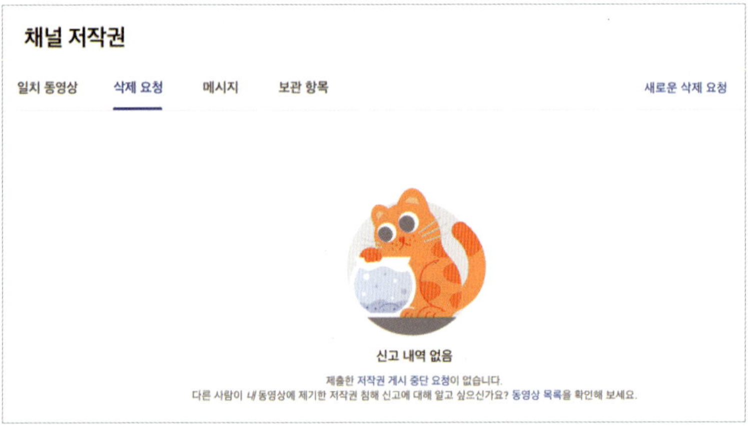

▲ 채널 저작권

LINK 저작권과 관련된 자세한 내용은 '저작권 개념을 한번에 정리해보자' 246쪽을 참고합니다.

[수익 창출] 메뉴

채널의 다양한 수익 창출 방법을 살펴볼 수 있습니다. 주로 수익을 얻는 방법에는 동영상 광고가 있으며, 상품을 제작해서 판매할 수 있는 쇼핑, 월별로 일정 금액을 후원하는 멤버에게 멤버 전용 동영상 등을 제공하면서 수익을 창출할 수 있는 멤버십 서비스 등이 있습니다.

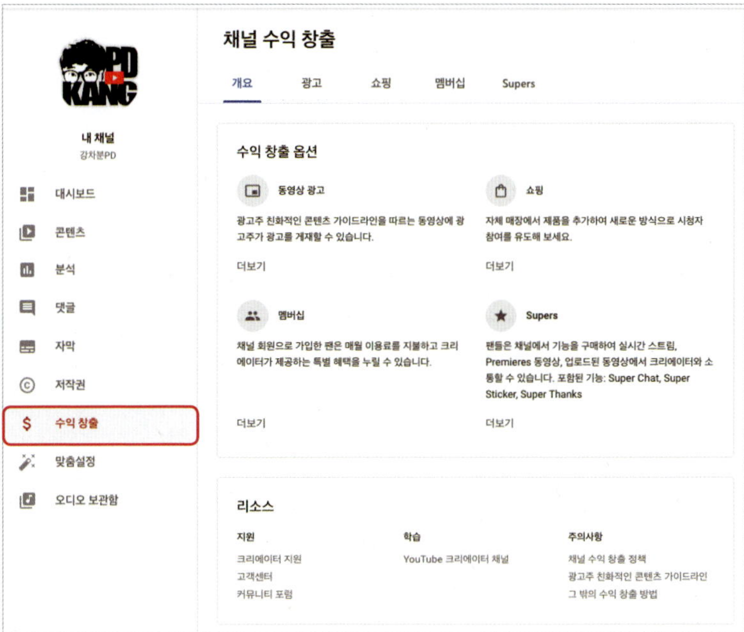

▲ 채널 수익 창출

[맞춤설정] 메뉴

채널의 레이아웃 조정, 프로필 및 배너 이미지, 워터마크 등을 지정할 수 있으며 채널의 기본 정보 등을 설정할 수 있습니다.

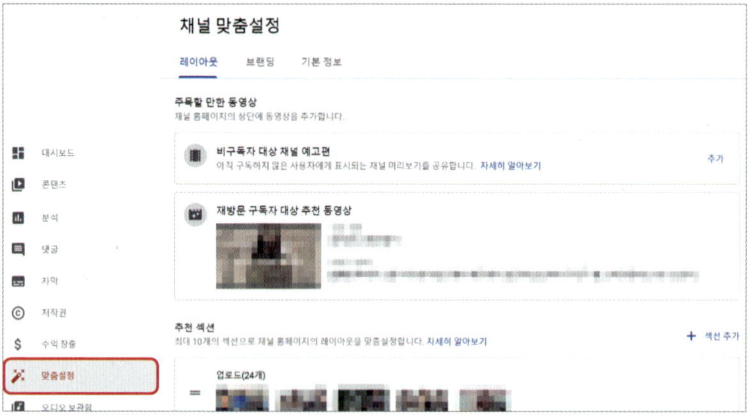

▲ 채널 맞춤설정

[오디오 보관함] 메뉴

유튜브 영상 편집 때 무료로 사용할 수 있는 배경음악과 음향 효과를 확인할 수 있습니다.

▲ 오디오 보관함

LINK 오디오 보관함과 관련된 자세한 내용은 '저작권 개념을 한번에 정리해보자' 252쪽을 참고합니다.

유튜브에서 잘 통하는 콘텐츠

유튜브에서 잘 통하는 콘텐츠가 존재할까요? 잘 통하는 콘텐츠가 따로 있는 것은 아니지만 〈나는유튜버다〉 카페의 사례나 타 유튜버의 성장 과정을 살펴보면 좋은 반응을 얻는 주제의 콘텐츠가 몇 가지 있습니다.

유튜브에서 좋은 반응을 얻는 주제

콘텐츠를 기획할 때는 이미 좋은 반응을 얻은 콘텐츠에서 새롭게 만들어볼 만한 콘텐츠 아이디어를 얻어볼 수 있습니다.

돈에 관한 정보

돈에 관한 콘텐츠는 일반적으로 좋은 반응을 얻습니다. 우리 인생은 돈과 떼려야 뗄 수 없기 때문입니다. 돈을 버는 방법이나 돈을 많이 벌었던 이야기는 많은 관심을 받습니다. 사람들은 다른 사람은 어떻게 돈을 버는지 궁금해합니다. 따라서 돈에 대한 이야기를 다뤄보는 것도 좋습니다.

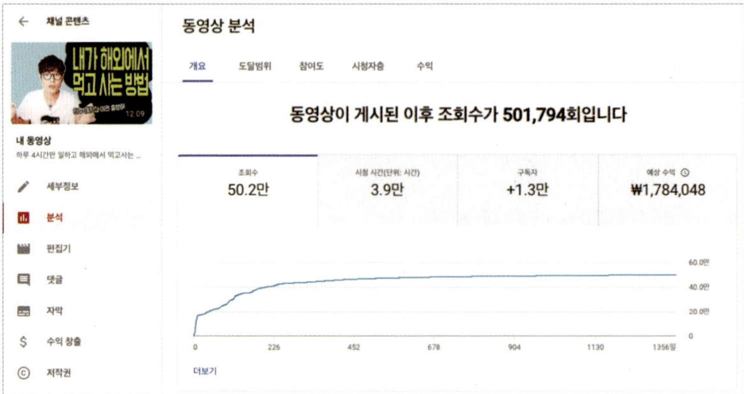

▲ 돈에 관한 콘텐츠 조회수

사업에 관한 정보

사업에 관한 정보 역시 좋은 반응을 얻는 편입니다. 예비 창업주나 이미 창업해서 사업을 운영하는 사람도 이 주제에 관심이 많으므로 유튜브를 시작할 때 첫 콘텐츠의 주제로 좋습니다. 다만 너무 한 분야의 사업에만 집중될 경우 특정 사업만을 다루는 채널이 되어버리므로 주의해야 합니다.

두 가지 주제 외에도 최신 영화 리뷰, 시즌에 맞는 이슈 등 유튜브에 영상을 올렸을 때 좋은 반응이 나오는 콘텐츠가 있습니다. 여러분도 한번 찾아보기 바랍니다.

결국은 콘텐츠다

바야흐로 유튜브의 시대입니다. 불과 몇 년 전까지만 해도 유튜브는 일반인이 본인의 영상을 올리는 플랫폼으로 인식되었으나 지금은 유명 연예인이나 대기업, 심지어 콧대 높은 방송국마저도 유튜브에 본인들의 제작물을 재편집해서 업로드합니다. 예전에는 연예인이 유튜브를 경시하며 방송에만 집중하는 모습이었는데, 지금은 시대가 변해서 유튜브는 꼭 해야만 하는 채널로 인식되고 있습니다. 유튜브에서 유명해지면서 다시 방송으로 역섭외가 되는 연예인도 많습니다.

일반인이 이런 상황을 보고 있자면 연예인은 구독자가 빨리 늘어서 좋겠다고 생각할 수 있습니다. 실제로 유명 연예인은 시작하자마자 몇만, 몇십만 구독자를 쉽게 확보하는 것을 볼 수 있습니다. 일반인보다 훨씬 유리한 상황에서 시작하는 것은 맞지만 정말 유명 연예인이 아닌 경우에는 영상의 조회수가 처음 몇몇 콘텐츠에서만 잘 나오거나 아예 처음 올린 영상의 조회수마저도 잘 나오지 않는 연예인이 90% 이상입니다. 반대로 방송국에서 개설한 예전 방송 다시 보기 등의 콘텐츠는 조회수가 수십, 수백만 회에 이르는 것을 알 수 있습니다. 어쩌면 연예인의 인기는 방송프로그램의 기획, 드라마의 완성도 등에 의해 만들어진 것이라고 볼 수도 있습니다.

> 콘텐츠 없이 연예인이 등장하기만 한다고 해서 유튜브 시청자가 영상을 시청해주지 않는다는 뜻입니다.

채널을 운영하면서 열심히 콘텐츠를 기획하고 제작하다 보면 내가 연예인은 아니더라도 시청자에게 좋은 반응을 얻을 수 있을 것입니다.

망한 채널은 새로 파야 한다?

유튜브 채널 운영자 중에서 채널이 망했으니 새로 개설해야겠다고 이야기하는 것을 들은 적이 있습니다. 흔히 '유튜브에게 버림받았다'고 표현하는데 맞을 수도 있고, 틀릴 수도 있습니다. '첫 영상 버프'나 '열 번째 영상 버프'라고 불리는 이야기인데, 채널에 올린 첫 영상 혹은 열 번째 업로드한 영상이 좋지 않았기 때문에 채널 자체를 새로 만들겠다는 것입니다. 사실 이런 영상 버프는 소문일 뿐입니다.

실제로 필자가 운영하는 채널의 첫 영상은 네이버 블로그를 운영하던 시절에 동영상 링크를 걸기 위해 만들었던 영상입니다. 이후 유튜브를 해야겠다고 마음먹고 그동안 방치되어 있던 유튜브 채널에 영상을 올리기 시작했습니다. 그러다가 구독자가 모이기 시작했기 때문에 필자에게는 첫 영상 버프도, 열 번째 영상 버프도 없었습니다. 따라서 영상 버프가 이유라면 채널을 새로 만들 필요가 전혀 없습니다.

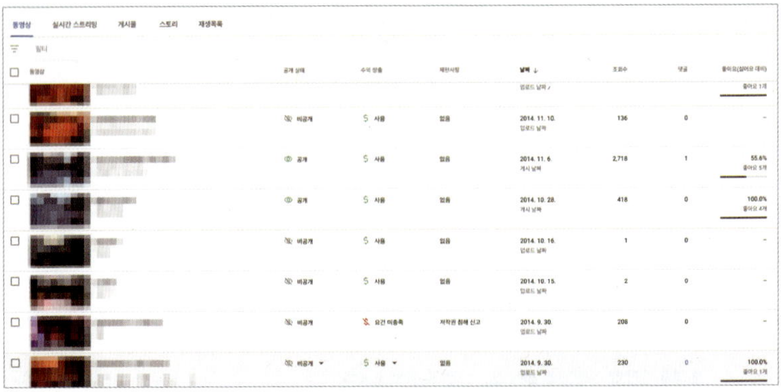

▲ 아직도 남아 있는 채널 초창기 영상, 심지어 가요 때문에 저작권을 침해한 영상도 있다

그러나 채널을 새로 만드는 것이 더 나은 때도 있습니다. 채널의 주제나 성향을 완전히 바꿀 때입니다. 기존에 업로드한 콘텐츠와 유사한 콘텐츠를 기대한 구독자는 기대했던 것과 다른 콘텐츠가 나왔을 때 시청 시간 단축, 싫어요, 구독 취소 등의 부정적인 피드백을 보이게 됩니다. 그러다 보면 새로 올리는 영상 역시 좋은 평가를 받기가 쉽지 않습니다. 구독자가 많지 않고 채널의 주제를 완전히 다른 방향으로 변경하고 싶다면 채널을 새로 개설하는 것이 좋습니다.

영상을 찍을 때 말을 잘하는 방법

카메라 앞에서 내 목소리를 내는 것은 생각보다 아주 어려운 일입니다. 누군가와 대화하는 것과 카메라를 앞에 두고 말하는 것은 매우 다릅니다. 대화는 상대의 반응에 맞춰 적절하게 다음 대화를 이어가는 것이 중요한데, 카메라 앞에서 말할 때는 대화할 때와 다른 점에 특히 신경 써야 합니다. 어떤 점을 신경 써야 하는지 알아보겠습니다.

카메라를 의식하지 말자

카메라 앞에서 말할 때는 누군가에게 강연하고 있다고 생각해봅니다. 카메라가 영상을 녹화하고 있다는 생각이 드는 순간 자기도 모르게 표정이 굳고 어색해지므로 이런 방법을 사용하면 카메라를 의식하지 않게 됩니다. 그리고 카메라 앞에 자주 서지 않으면 아무리 의식하지 않으려고 해도 카메라가 의식될 수밖에 없습니다. 여러 번

연습을 해야 하는데 그런데도 카메라 앞에서 떨리고 긴장된다면 카메라 렌즈 위에 작은 인형을 올려두고 인형에게 이야기를 해보는 방법도 있습니다. 우습게 들릴 수도 있지만 많은 유튜버에게 추천하고, 실제로 효과를 본 방법입니다. 작은 인형이지만 직접 카메라를 보며 이야기를 하는 것보다 훨씬 큰 도움이 됩니다.

LINK 카메라 울렁증 극복과 관련된 자세한 내용은 '카메라 앞에서 어색함을 극복하는 방법' 261쪽을 참고합니다.

근거, 명분, 소신을 갖고 말하자

누군가를 설득하려면 꼭 필요한 것이 있습니다. 바로 근거, 명분, 소신입니다. 그 어떤 주장도 이 세 가지 중 하나라도 갖추지 못하면 힘을 가질 수 없습니다. 예를 들어 몸에 좋은 영양제를 추천할 때 무작정 이 영양제가 좋다고 말하면 아무도 그 말을 신뢰하지 않습니다. 이때는 근거를 들어 이야기해야 합니다. 이 영양제가 어떤 검사를 통해 어떤 효과를 입증받았고, 얼마나 많은 사람이 효과를 보고 추천했는지 등을 근거로 이야기하는 것입니다.

명분이나 소신은 내 주장을 펼칠 때 꼭 필요합니다. 예를 들어 어떤 제품을 사지 말아야 할 이유를 이야기한다면 적어도 직접 그 제품을 사서 사용해보고 어떤 이유로 실망했는지 등의 경험을 이야기할 수 있어야 합니다. 근거를 통해 명분을 갖췄다면 마지막으로 필요한 것은 소신입니다. 근거나 명분이 충분해도 스스로가 하는 이야기에 소신을 갖지 못한다면 결국 상대방을 설득하기 어렵습니다. 충분한 근거와 명분을 갖췄다면 말하고자 하는 의견에 확실한 소신을 갖고 이야기하면 됩니다.

말이 산으로 가지 않는 노하우

필자는 유튜브 촬영을 할 때 스크립트를 전부 작성하지는 않지만 말이 산으로 가지 않도록 하기 위해서 이야기의 흐름은 미리 잡아두는 편입니다. '기–승–전–결'에 맞춰서 이야기의 흐름과 순서를 생각하고 각 단계에 맞춰 말해야 할 주제를 떠올려본 후 거기에 맞는 소제목을 적어봅니다. 그다음에는 소제목에 맞는 내용을 간략히 적습니다. 이러한 과정을 거친 후에 촬영을 하면 중간에 이야기가 산으로 가지 않고, 말할 내용을 빼먹는 일도 없습니다.

소제목만 적어두고 촬영하는 것이 어렵다면 스크립트를 전부 적어보는 방법도 있습니다. 다만 이 경우에는 스크립트를 보고 읽으면서 촬영하는 것은 추천하지 않는데, 시선이 다른 방향으로 향하게 되고 책을 읽듯이 말투가 딱딱해지기 때문입니다. 스크립트는 연기자들처럼 한번 읽어본 후 큰 단락별로 숙지해서 말하는 것이 좋습니다. 무조건 100% 똑같이 외우는 것이 아니라 이런 이야기를 해야겠다는 것만 숙지한 후 촬영하면 훨씬 자연스러울 것입니다.

유튜브 영상은 나를 비추는 거울이다

〈나는유튜버다〉 첫 정기 모임에서 이제 막 유튜브를 시작하는 유튜버에게 어떤 강연이 가장 도움이 될까를 고민하다가 선택한 내용이 '유튜브 채널에 올라간 영상은 나를 비추는 거울'이라는 주제였습니다. 사진은 어떤 순간만을 담기 때문에 나의 초조함, 기분, 성격, 마음가짐 등이 담기지 않습니다. 하지만 영상은 연기를 한다고 해도 내 모든 것이 담깁니다. '모든 것'이라고 말한 이유는 내가 이 영상을 찍을 때의 기분부터 앞서 이야기한 모든 것이 영상에 드러나기 때문입니다. 통찰력이 있는 사람은 영상 하나만 보더라도 이 사람이 진심으로 이야기하는지, 찍기 싫은데 억지로 하는지, 가식적인지 등을 어느 정도 파악할 수 있습니다.

'진심은 통한다'라는 이야기를 들어 본 적이 있을 것입니다. 한 번쯤 누군가의 영상을 보면서 진솔함과 진실함을 느끼고 진심으로 응원하게 된 경험을 한 적이 있을 것입니다. 짧은 영상이고 준비한 부분만 보여준다고 해서 영상에서 연기만 할 것이 아닙니다. 내가 전달하고자 하는 메시지가 진심으로 시청자에게 도움 된다는 마음으로 진솔함을 담는 편이 좋습니다. 대부분의 유튜버는 연기자가 아니므로 화면 앞에서 어설픈 연기를 펼치는 것보다 진심을 담아 영상을 촬영할 때 훨씬 더 좋은 결과를 얻을 수 있습니다.

저작권 개념을 한번에 정리해보자

유튜브 강의를 하거나 지인에게 가장 많이 질문을 받는 것 중 하나가 저작권입니다. 짤이나 음원, 방송국 영상을 내 유튜브 채널에 사용해도 되는지, 다른 사람의 유튜브 영상을 사용해도 되는지 등을 물어보곤 합니다. 이는 애초에 저작권에 대한 개념이 정확히 서 있지 않기 때문입니다.

한국의 저작권법은 무방식주의를 따릅니다. 이는 저작권을 따로 등록하지 않아도 저작자가 저작물을 만드는 순간 저작권이 생긴다는 의미입니다. 누군가 글을 쓰거나 음악을 만들고, 그림을 그리면 따로 저작권협회 등에 등록하지 않아도 저작물의 저작권은 그 저작자에게 있다는 이야기입니다. 따라서 저작권협회에 등록되지 않았거나 특허가 난 상태가 아니라고 해도 다른 사람의 창작물을 무단으로 사용하는 것은 저작권법에 위반됩니다.

콘텐츠 사용 범위 알아보기

원칙적으로 타인의 저작물을 사용하는 것은 모두 저작권법 위반입니다. 짧은 짤도, 영상의 캡처본도, 타인의 섬네일도, 짧은 노래가사도, 짧게 읽은 책 한 페이지도 전부 무단으로 사용하면 저작권법 위반입니다. '다른 채널에서는 많이 사용한다', '안 걸리는 경우는 어떻게 된 거냐'라고 물어보는 경우가 많은데, 오해하는 부분을 하나하나 짚어보겠습니다.

가요

한국 가요를 배경음악으로 써도 되냐는 질문이 있는데, 유튜브에서는 2010년부터 한국음악저작권협회와 협약을 맺어 저작권에 대한 책임을 묻지 않습니다. 다만 채널 광고 수익의 전부 또는 일부가 저작권협회로 넘어가 원곡자에게 돌아갑니다. 이때 수익 창출 목적이 아닌 영상에서는 가요를 마음껏 써도 된다고 생각할 수 있는데, 저작권협회가 관리하지 않는 가요 등에는 해당하지 않으므로 주의합니다.

폰트

폰트는 저작권 침해에 관한 소송이 활발한 편이므로 유튜브에서 유료 폰트는 절대 사용하지 말아야 합니다. 기본 폰트로는 편집이 너무 밋밋해서 다른 폰트를 사용해야 한다면 무료 폰트를 사용할 것을 추천합니다. 각 지자체나 대기업에서 크리에이터들이 사용할 수 있도록 무료로 배포한 폰트가 많습니다. 무료 폰트는 검색을 통해서 쉽게 찾을 수 있으며 무료 폰트만 모아둔 사이트도 많으므로 한번 이용해보기를 추천합니다. 다만 무료 폰트라 할지라도 사용 범위 등을 꼭 확인해야 합니다.

방송 영상과 영화

기본적으로 방송 영상이나 영화 소스를 리뷰에 사용하는 것도 저작권 침해입니다. 영상 소스를 사용하고 싶다면 저작권자에게 문의해서 사용 허락을 받아야 합니다. 어떻게 모든 영상에 허락을 전부 받을 수 있냐고 생각할 수 있지만 저작권은 친고죄에 해당하기 때문에 저작권자가 문제를 제기하게 되면 저작권 침해를 피할 수 없습니다. 다만 영화의 경우 공식적으로 배포된 트레일러나 예고편은 사용이 허락되는 편입니다. 또한 영화 리뷰 자체가 영화 흥행에도 많은 도움을 주기 때문에 영화 리뷰는 심각한 내용 유출이 아닌 이상 제재 없이 가볍게 넘어가는 편입니다. 또 영화 개봉 전에 리뷰용으로 영화 리뷰 유튜버에게 영상을 제공하는 배급사도 있습니다. 상대적으로 방송 영상은 방송사에서 직접 유튜브 채널을 운영하는 경우가 많으므로 저작권 침해 신고가 많은 편입니다.

뉴스와 기사

뉴스나 기사는 공익적이며, 사실을 전달하므로 사용해도 된다고 생각하는 경우가 많은데 역시 저작권 침해에 해당합니다. 다만 저작권법에서 정한 단순한 사실 전달에 불과한 간단한 기사는 사용해도 됩니다. 보도, 비평, 교육, 연구의 목적이라면 정당한 이용은 가능하나 이는 법원에서 판단해야 하는 문제이므로 가능하다면 무단으로 사용하지 않는 것을 추천합니다.

방송 짤

유명 방송의 짤도 엄밀히 말하면 저작권 침해에 해당합니다. 실제로 방송 짤이 많이 사용되는 이유는 방송국에서 크게 문제 삼지 않기 때문입니다. 방송 짤은 너무 광범위하게 사용되어 일일이 찾아내기 힘들고, 고소해서 실제 얻을 수 있는 이익이 적습니다. 수많은 짤을 찾아 법적으로 문제 삼을 경우 여론의 뭇매를 맞을 수도 있습니다. 방송국 입장에서도 프로그램이 유명 짤이 되어 많이 회자되면 손해를 볼 것이 그다지 없기 때문에 딱히 문제 삼지 않지만, 원칙적으로는 저작권 침해에 해당한다는 것을 인지해야 합니다.

> **핵심 콕콕 용어 TIP** 짤 예전에 쓰던 '짤림방지'의 줄임말인 '짤방'에서 유래된 말로, 이미지 없는 게시물이 삭제되는 걸 방지하기 위해 의미 없이 넣던 이미지 등을 말합니다. 요즘은 재미있는 사진이나 캡처 이미지 등을 아우르는 말로 쓰입니다.

출처를 밝히면 사용해도 된다?

출처를 밝히면 사용해도 된다는 것은 완벽하게 잘못된 저작권 인식입니다. 출처를 밝히든 밝히지 않든 저작권자의 허락 없이 사용하는 타인의 저작물은 저작권 침해에 해당합니다. 앞서 많은 사례를 통해 알아본 것처럼 대부분 타인의 저작물을 무단으로 사용하는 것은 저작권 침해에 해당합니다.

저작권 침해에 해당하지 않는 경우도 있는데, 저작권자가 자유롭게 이용 가능하다고 명시했거나 공정 이용에 해당하는 경우입니다. 공정 이용이란 자신의 창작물을 제작하기 위해 그야말로 인용 정도의 수준으로 사용하는 것을 말합니다. 예를 들어 영화 논평을 위해 영화 장면을 일부 활용한 경우는 공정 이용으로 간주할 수 있습니다. 다만 영화의 내용을 전부 다 보여주고 일부만 논평할 경우에는 공정 이용으로 간주하기 어려울 수 있습니다.

영상에 필요한 소스 찾기

그렇다면 영상을 제작할 때 어디서 소스를 구해야 할까요? 유튜브에는 크리에이티브 커먼즈 라이선스가 있습니다. 이는 크리에이터가 자신의 영상에 표시할 수 있는 라이선스로 동영상에 CC BY 라이선스를 표시하면 저작권은 크리에이터가 보유한 상태에서 다른 크리에이터가 라이선스 약관에 따라 해당 작품을 유튜브에서 다시 사용할 수 있습니다. 크리에이티브 라이선스 영상을 찾는 방법을 알아보겠습니다.

유튜브 검색 창에 검색어를 입력한 후 [필터]를 클릭하면 [기능별] 항목에서 크리에이티브 커먼즈 메뉴를 찾을 수 있습니다.

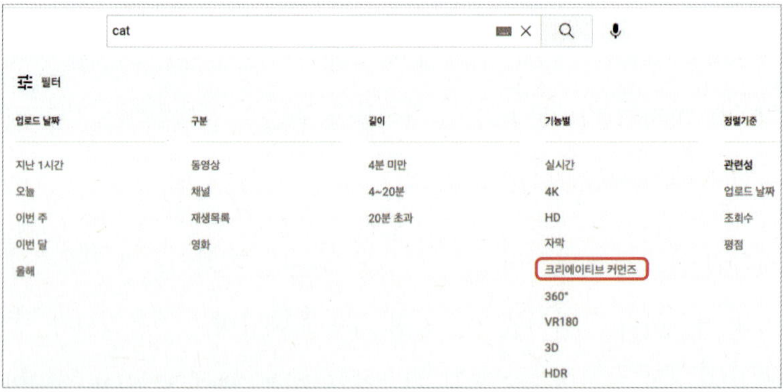

▲ 크리에이티브 커먼즈 영상을 찾는 방법

검색해서 나온 영상의 라이선스 부분을 살펴보면 크리에이티브 커먼즈 라이선스가 표시된 것을 확인할 수 있습니다. 해당 영상은 오프라인으로 저장해서 재편집한 후 사용해도 됩니다.

▲ 검색으로 찾은 크리에이티브 커먼즈 영상

그렇다면 유튜버가 본인이 힘들여 만든 영상을 크리에이티브 커먼즈 영상으로 업로드하는 이유는 무엇일까요? 유튜브 내의 긍정적인 선순환 구조가 이유일 수 있습니다. 누군가가 내 영상을 통해 좋은 영상을 만들어낸다면 전체적으로 유튜브 내의 좋은 생태계가 유지될 수 있고, 내 영상의 조회수에도 도움이 됩니다. 누군가가 저작권에서 자유로운 영상을 찾을 때 내 영상이 노출되고 이에 따라 영상의 조회수를 높일 수도 있습니다.

배경음악과 효과음

유튜브에서 제공하는 오디오 보관함에서 저작권이 자유로운 음악이나 효과음을 찾을 수 있습니다.

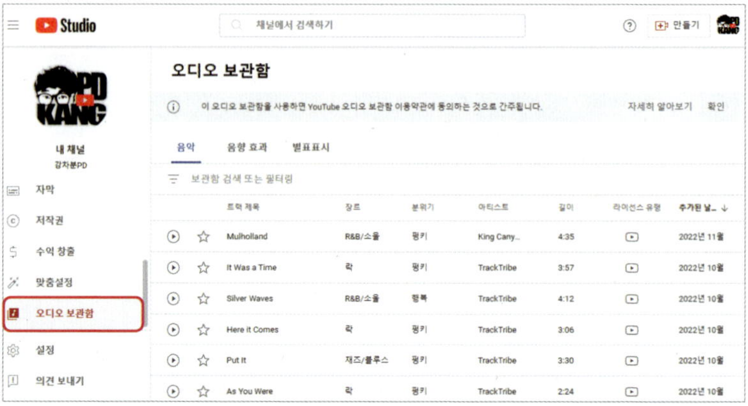

▲ 유튜브의 오디오 보관함

필터링 버튼을 클릭하면 트랙 제목, 장르, 분위기, 길이에 따라 분류된 음원을 찾을 수 있으니 참고합니다. 음원에 따라 저작자 표시가 필요하거나 필요하지 않은 음원이 있으므로 잘 살펴보고 사용합니다.

영상에 필요한 사진

저작권 문제가 없는 이미지를 많이 보유한 사이트가 있는데, 대표적으로 픽사베이(https://pixabay.com/ko)가 있습니다. 다음은 픽사베이 메인 화면입니다. 고양이 이미지를 찾기 위해 고양이를 검색해 보겠습니다.

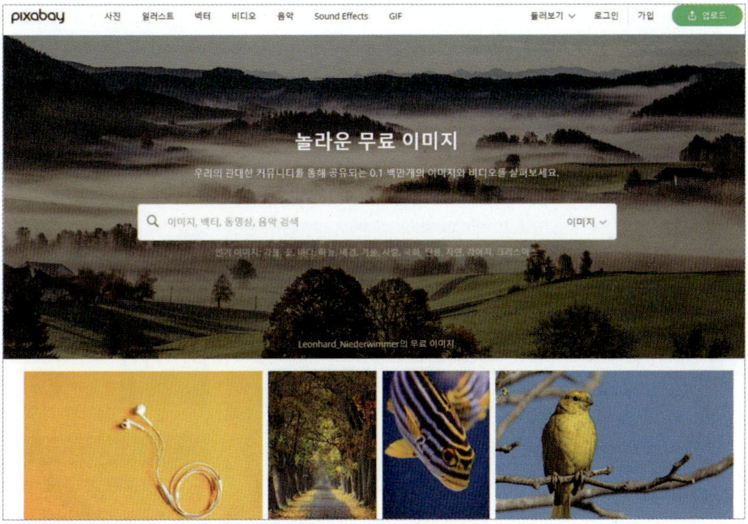

▲ 픽사베이 메인 화면

고양이를 검색하면 상단에 위치한 [스폰서 이미지]를 제외하고 아래쪽에 무료로 쓸 수 있는 많은 고양이 이미지가 검색됩니다. 원하는 고양이 이미지를 클릭하면 [무료 다운로드] 버튼 아래 라이선스 범위가 표시되어 있습니다. 픽사베이 라이선스에 따라 무료로 사용 가능하며 출처를 밝히지 않아도 된다고 쓰여 있습니다. 이제 필요한 이미지를 다운로드해 사용합니다.

▲ 픽사베이에서 고양이를 검색한 결과 화면

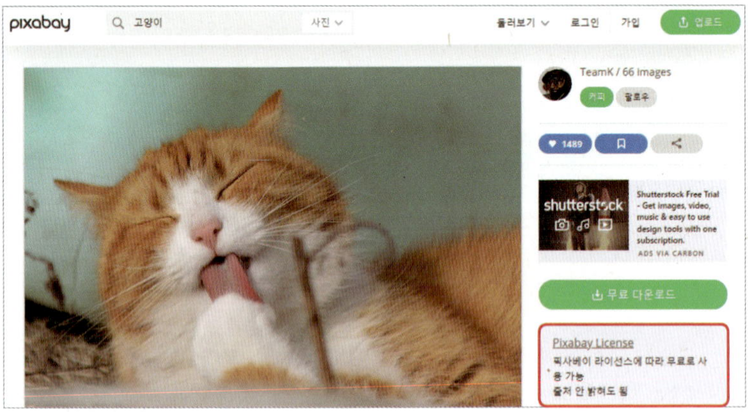

▲ 픽사베이 무료 다운로드 이미지

동영상 클립

사진이나 동영상 클립을 무료로 구할 수 있는 곳으로 픽셀즈(https://www.pexels.com)가 있습니다. [둘러보기]–[무료 동영상]을 클릭하고 고양이를 검색해보겠습니다.

많은 고양이 영상이 검색되는 것을 확인할 수 있습니다. 이 중 마음에 드는 영상을 하나 클릭해보겠습니다.

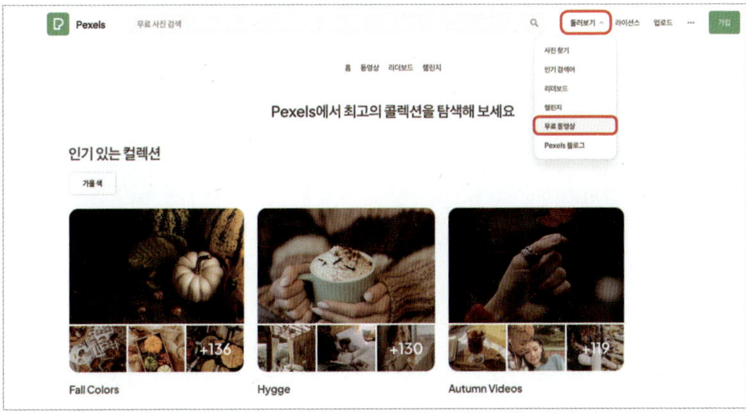

▲ 픽셀즈 메인 화면

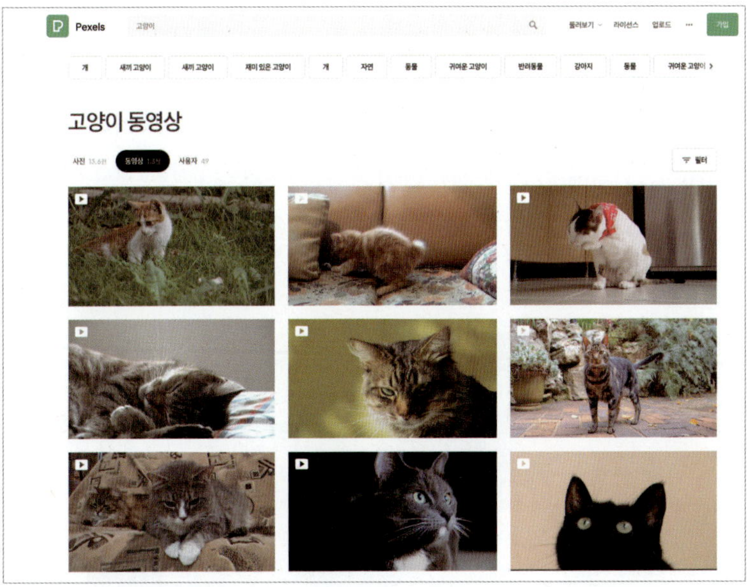

▲ 픽셀즈에서 고양이를 검색한 화면

해당 영상을 재생해보고 마음에 든다면 [무료 다운로드]를 클릭해 필요한 사이즈를 선택하여 다운로드 후 사용하면 됩니다.

▲ 픽셀즈 무료 다운로드 화면

무료 폰트

무료 폰트를 쉽게 검색하려면 무료 한글 폰트 비교 사이트인 눈누(https://noonnu.cc)에 접속합니다.

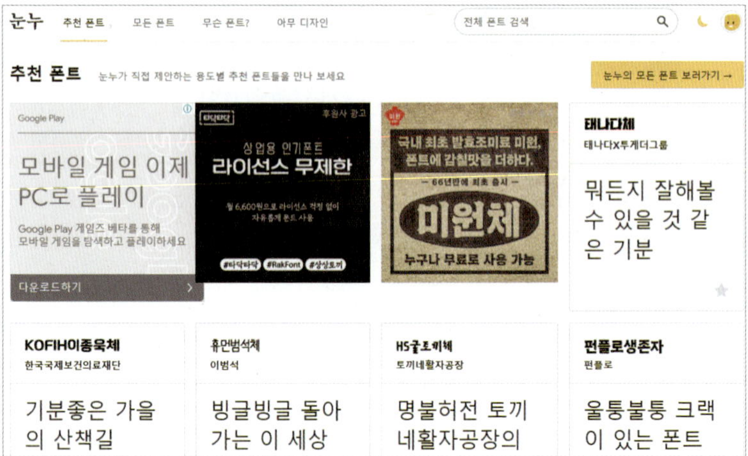

▲ 눈누 메인 화면

눈누의 메인 화면에서 원하는 폰트를 클릭한 후 왼쪽 상단에 원하는 문구를 타이핑해서 폰트를 미리 살펴볼 수 있습니다. 폰트를 확인해

보고 마음에 들면 아래 라이선스를 확인해봅니다.

▲ 눈누에서 폰트 미리보기

라이선스 사용 범위를 확인하고 사용하는 데에 문제가 없다면 마음에 드는 폰트를 사용하면 됩니다.

폰트 라이선스

나이스 초이스 서체의 지적 재산권은 이랜드 리테일에 있습니다.
개인 및 기업 사용자를 포함한 모든 사용자에게 무료로 제공되며 자유롭게 수정, 재배포가 가능합니다.

카테고리	사용 범위	허용 여부
인쇄	브로슈어, 포스터, 책, 잡지 및 출판용 인쇄물 등	O
웹사이트	웹페이지, 광고 배너, 메일, E-브로슈어 등	O
영상	영상물 자막, 영화 오프닝/엔딩 크레딧, UCC 등	O
포장지	판매용 상품의 패키지	O
임베딩	웹사이트 및 프로그램 서버 내 폰트 탑재, E-book 제작	O
BI/CI	회사명, 브랜드명, 상품명, 로고, 마크, 슬로건, 캐치프레이즈	O
OFL	폰트 파일의 수정/ 복제/ 배포 가능. 단, 폰트 파일의 유료 판매는 금지	X

▲ 눈누의 폰트 라이선스

본인이 직접 찍은 영상에 위와 같은 소스만 충분히 활용해도 볼거리가 풍성한 영상을 만들 수 있습니다.

채널 운영을 그만두거나 새로운 콘셉트를 시도할 시점은 언제일까?

유튜브 영상을 하염없이 올리다 보면 내 채널만 구독자가 늘지 않는 것 같아 자괴감에 빠질 때가 있습니다. 이때 구독자가 늘어날 때까지 뚝심 있게 지속할 것인지, 어느 정도 업로드해보고 다른 방향으로 바꾸거나 새로운 채널을 개설할 것인지를 판단해야 합니다. 사실 어느 정도까지 영상을 올려봐야 하는지에 대해서 정해진 기준은 없습니다. 하지만 시청자에게 외면당하는 영상을 계속 올릴 수는 없기 때문에 채널 운영을 그만두거나 새로운 콘셉트를 시도해야 할 시점을 정해둔다면 도움이 될 것입니다.

10~20개 영상 업로드 시점

영상을 10~20개까지 올렸는데 구독자 증가 폭이나 조회수, 시청 지속 시간이 첫 번째 영상에 비해 크게 나아지지 않는다면 기존의 업로드한 영상을 분석해볼 필요가 있습니다. 20개 정도의 영상을 하나의 콘셉트를 정해 꾸준히 만들었다면 이미 해당 카테고리에 관심이 있는 일부 시청자에게 영상이 노출되었을 텐데 반응이 신통치 않았을 것입니다. 따라서 20개 정도의 영상을 업로드했지만 별다른 반응을 얻을 수 없었다고 생각해볼 수 있습니다. 이때는 그만두기보다 이전 영상들을 분석해보고 부족한 점을 고쳐보거나 새로운 콘셉트를 조금씩 시도해보기를 추천합니다.

20~40개 영상 업로드 시점

20~40개 정도의 영상을 올렸음에도 별다른 구독자 증가세나 반응이 없다면 주변 사람에게 영상을 보여주고 객관적인 평가를 받아보는 것이 필요합니다. 내가 만든 영상은 나에게는 재미있거나 좋은 영상이겠지만 기준이 '나'이기 때문에 한계가 있을 수 있습니다. 다른 사람이 봤을 때 어떤 느낌인지 피드백을 받고 의견을 겸허하게 받아들여 영상을 수정해보거나 다른 콘셉트를 시도해보는 것이 좋습니다. 그 이후에도 반응이 없다면 새로운 채널을 개설해보는 것도 고려해볼 수 있습니다.

유튜브는 정말 레드오션일까?

몇 년 전 유튜브가 폭발적인 인기를 끌 때 많은 사람이 유튜브를 시작했습니다. 그중에는 채널이 아주 잘된 경우가 있어서 언론에서도 수입이 많은 유튜버를 앞다투어 소개했습니다. 그로부터 1~2년이 지나자 유튜브에는 없는 콘셉트를 찾기가 어려울 정도로 많은 채널이 생겨났고, 유튜브를 시작하기에는 이미 레드오션이 되어버렸다는 이야기가 나옵니다. 과연 유튜브는 레드오션이고, 지금 시작하기에는 늦은 걸까요?

결론부터 말하자면 그렇지 않습니다. 유튜브는 끊임없이 새로운 유튜버를 찾아서 스타로 만들려고 합니다. 정상의 자리를 지킬 것 같던 유튜버가 사라지기도 합니다. 누군가가 닦아놓은 길이고 먼저 시작했다고 해서 레드오션이라는 법은 없습니다. 애당초 뭔가를 시작할 때 블루오션에서 시작하는 일은 거의 없다는 것을 기억해봅니다. 누군가의 말처럼 늦었다고 생각할 때가 가장 빠른 때입니다.

카메라 앞에서 어색함을 극복하는 방법

카메라 앞에서 말하는 것이 부끄럽다고 이야기하는 경우가 종종 있습니다. 처음부터 카메라 앞에서 말을 잘하는 사람도 있겠지만 대부분은 카메라가 어색하고 내 얼굴을 보고 말하는 것이나 영상에 녹음된 목소리를 듣는 것에 익숙하지 않습니다.

처음 카메라를 켠 후 촬영을 하고 편집을 해보면 내가 말한 것을 보고 듣는 것 자체가 상당히 어색하기 마련입니다. 시선은 불안하게 여기저기로 돌아가고, 목소리는 어색하며, 경직된 몸짓과 행동이 눈에 거슬립니다. 이는 지극히 당연하고 자연스러운 일이며, 시간이 지나면 해결될 문제입니다. 촬영을 할 때 카메라를 보고 이야기한다는 것은 화자는 있지만 청자가 없다는 것입니다. 일상생활에서 혼잣말을 하는 경우는 거의 없지만 카메라를 보고 이야기하는 것은 혼자서 이야기를 하는 것과 같습니다. 당연히 익숙하지 않은 혼잣말을 하다 보니 어색해질 수밖에 없습니다.

편집할 때는 내 표정과 말투, 목소리에 익숙해져야 하고, 촬영할 때는 카메라 앞에서 이야기하는 데 익숙해져야 합니다. 어색하지 않게 말하기 위한 첫 번째 방법은 시선을 고정하는 것입니다. 카메라 앞에서 시선을 좌우로 돌리거나 다른 곳을 응시하면 부자연스럽게 보입니다. 설득력 있게 이야기를 해야 하는 유튜버의 시선이 자꾸 다른 쪽으로 향하고 카메라와 눈을 마주치지 못한다면 시청자에게 신뢰감을 주기 어려울 것입니다. 이때는 앞서 말했듯이 카메라 렌즈를 응시하는 연습을 하거나 렌즈 위에 작은 인형을 올려두고 인형에게 이야기하는 방식으로 연습해보면 도움이 됩니다.

두 번째 방법은 카메라 너머에 시청자가 앉아서 나를 보고 있다고 생각하면서 시청자에게 이야기한다는 느낌으로 자연스럽게 이야기를 하는 것입니다. 혼잣말이 아닌 미래의 내 시청자에게 이야기하고, 강연한다는 마음으로 이야기해보면 좋습니다. 화상통화를 하는 상황을 떠올려봐도 좋습니다. 예를 들어 여행 콘텐츠를 소개한다면 여행지에서 부모님 또는 친구에게 화상통화를 하면서 해당 장소를 소개한다고 생각해보면 조금 더 편하게 이야기할 수 있을 것입니다.

강차분PD의 나는 유튜버다!

카메라에 익숙해지는 연습

혼자서 하는 촬영은 어느 정도 익숙해졌다고 해도 외부 촬영이나 다른 사람이 함께 하는 촬영은 여전히 어려운 일입니다. 나 자신을 한 명의 연기자라고 생각하고 촬영에 임해봅니다. 스스로 또 다른 캐릭터를 부여하는 것입니다. 유명한 유튜버들은 이미 이런 것에 많이 익숙해져서 카메라 앞에서 자연스럽게 자신의 캐릭터로 변신하는 모습을 볼 수 있습니다. 유튜브 채널의 발전을 위해서 새로운 캐릭터를 부여하는 것은 상당히 중요한 포인트이기 때문에 설정한 콘셉트에 맞는 연기자가 되어보는 연습을 해보는 것이 좋습니다.

오디오 품질을 올리는 방법

유튜브는 영상을 공유하는 플랫폼이지만 영상 속 정보는 목소리 또는 자막으로 전달됩니다. 앞에서 살펴봤듯이 목소리, 즉 오디오는 유튜브 영상에서 상당히 중요한 부분을 차지합니다. 요즘은 유튜브 영상을 스마트폰이나 모바일 기기가 아닌 집에서 TV로 시청하는 경우도 많습니다. 집에 들어와서 TV를 켜고 일상을 보냈던 것처럼 유튜브 영상을 켜두고 집안일을 하는 경우도 많아졌으므로, 목소리가 좋은 유튜버가 더 유리할 수 있습니다. 하지만 유튜버가 모두 좋은 목소리를 가지고 있을 수는 없으므로 목소리가 조금 더 좋게 들는 방법을 알아보겠습니다.

더 좋은 품질의 오디오를 얻는 방법

목소리가 좋지 않다고 해도 마이크를 잘 사용하면 오디오 품질이 좋은 영상을 만들 수 있습니다. 다만 카메라에 포함된 내장 마이크를 사용하면 촬영 시 수음부가 유튜버의 입에서 멀리 떨어져 있게 되므로 영상 내 오디오 품질은 떨어질 수밖에 없습니다. 따라서 좋은 품질의 오디오를 얻고 싶다면 외장 마이크를 사용해 오디오를 녹음합니다.

핀마이크로 오디오 녹음하기

저렴한 핀마이크라고 해도 유튜브용으로 사용하기에는 부족하지 않습니다. 좋은 성능을 보여주는 핀마이크도 많으므로 영상 촬영 시 꼭 사용할 것을 추천합니다.

▲ 핀마이크(출처 : 보야마이크, https://www.boya-mic.com)

샷건 마이크로 오디오 녹음하기

샷건 마이크는 영상과 오디오의 싱크를 따로 맞출 필요가 없고 핀마이크처럼 유선으로 연결되어 있지 않으므로 사용이 더 편리하다는 장점이 있습니다. 대부분의 카메라나 스마트폰의 내장 마이크보다 성능이 좋고 마이크가 향한 방향의 소리를 더 잘 수집하는 특징이 있기 때문에 일반적인 녹음 상황보다 좋은 소리를 들려줄 수 있습니다.

▲ 샷건 마이크(출처 : 로데, https://rode.com)

무선 마이크로 오디오 녹음하기

무선 마이크는 거추장스러운 선도 없고 영상과 오디오의 싱크를 맞출 필요도 없으며, 목소리가 또렷하게 녹음되는 장점이 있습니다. 다만 가격이 고가이고 촬영 시마다 배터리가 충분한지 확인해야 하며 따로 챙겨야 하는 단점이 있습니다.

▲ 무선 마이크(출처 : 소니코리아, https://www.sony.co.kr)

프리미어 프로에서 오디오 싱크 맞추기

마이크 사용이 여의찮다면 녹음기나 스마트폰을 이용해 입 가까이에서 따로 녹음한 후 영상 편집 프로그램에서 싱크를 맞춰 사용하는 방법도 있습니다. 프리미어 프로에서 오디오 싱크를 맞추는 방법을 알아보겠습니다.

01 프리미어 프로에서 영상 파일과 따로 녹음한 오디오 파일을 불러옵니다.

02 영상 파일과 오디오 파일을 함께 선택합니다.

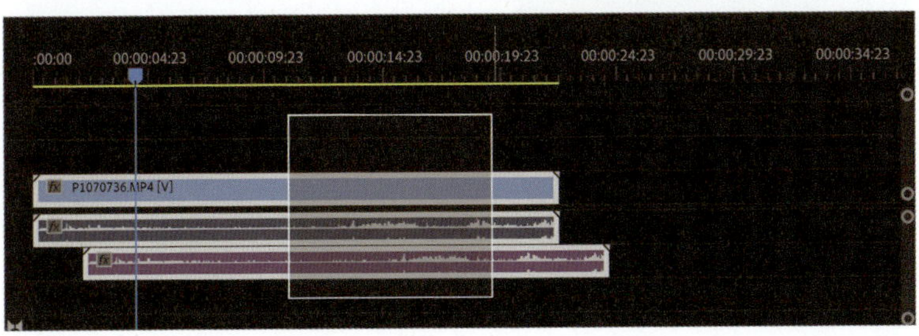

03 마우스 오른쪽 버튼을 클릭한 후 [Synchronize] 메뉴를 클릭합니다.

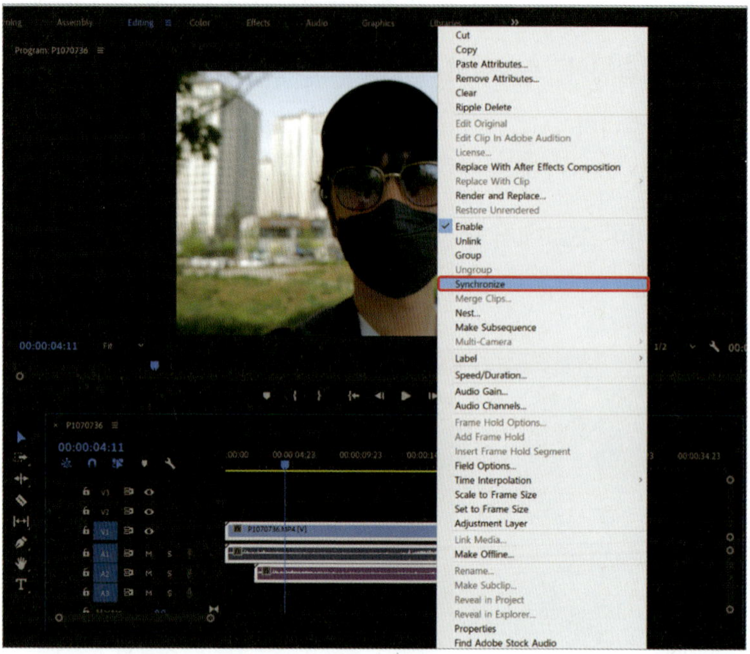

04 [Synchronize Clips] 대화상자에서 [Audio]에 체크하고 [OK]를 클릭합니다.

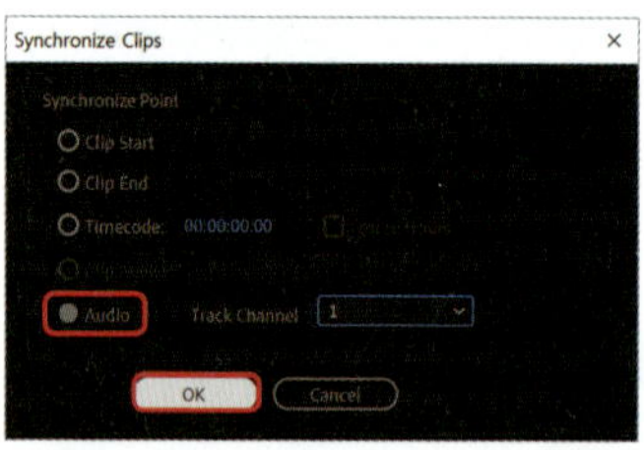

05 이제 두 개의 오디오 싱크가 맞습니다.

프리미어 프로에서 오디오 노이즈를 제거하는 방법

앞서 소개한 여러 가지 방법으로 좋은 목소리를 녹음했다면 영상 편집 프로그램에서 약간의 작업을 거쳐 더 좋은 목소리를 만들 수 있습니다. 예시로 사용한 영상은 외부에서 외장 마이크 없이 촬영한 영상인데 주변 소음이 함께 녹음되었습니다. 자동차 소리 등 주변 소음을 제거해보겠습니다.

01 먼저 상단 [Window] 메뉴에서 [Effects] 탭과 [Effect Controls] 탭을 클릭하여 화면에 띄워둡니다.

02 영상을 불러온 후 [Effects] 탭을 클릭합니다.

03 [Audio Effects]–[Noise Reduction/Restoration] 탭을 클릭한 후 [DeNoise]를 클릭하고 오디오 트랙 위로 드래그 앤 드롭합니다.

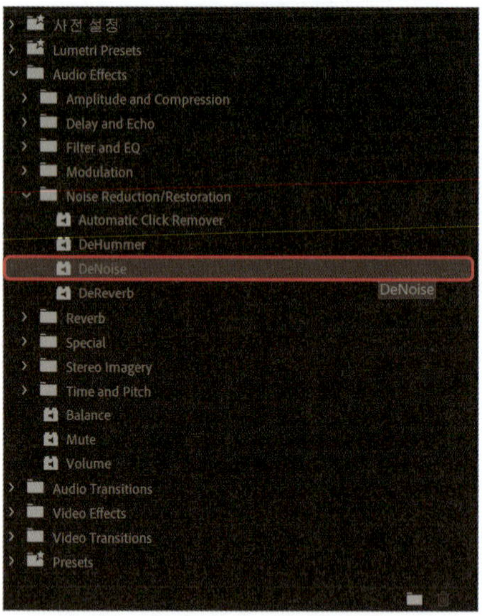

04 [Effect Controls] 탭을 클릭하면 DeNoise 설정 부분이 표시됩니다. [Edit]를 클릭합니다.

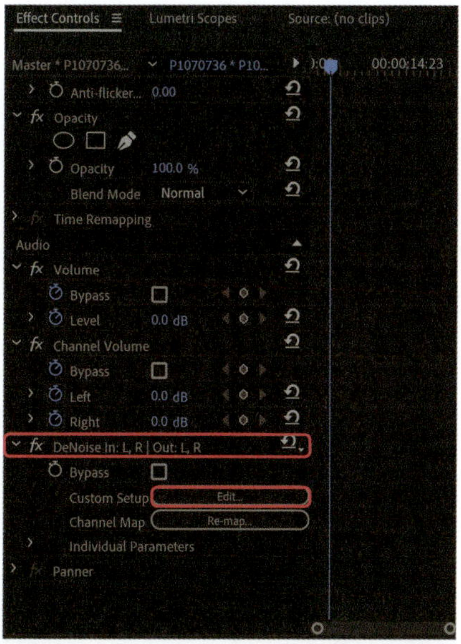

05 [Clip Fx Editor] 대화상자가 나타나면 [Amount] 바를 좌우로 움직여서 목소리가 뭉개지지 않고 노이즈가 최저로 없어지는 지점을 찾아줍니다.

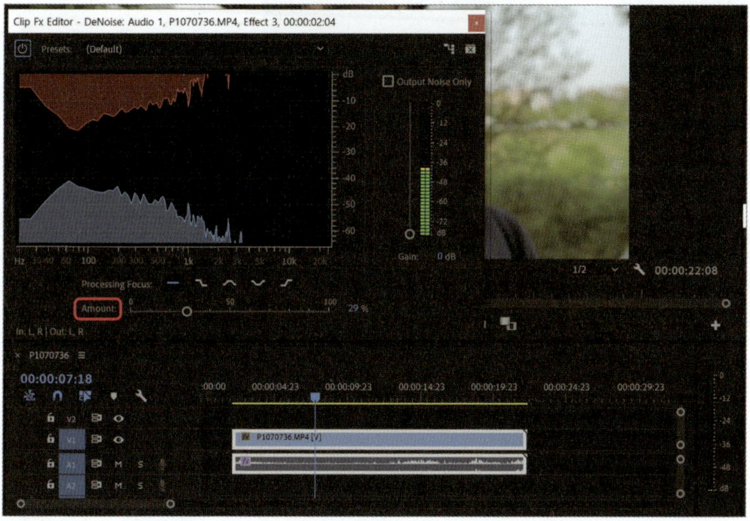

06 오디션 등의 프로그램을 사용해서 더 세세하게 노이즈를 제거할 수도 있지만 유튜브 영상에서는 이 정도만 작업해도 주변 소음을 확연히 줄일 수 있습니다.

프리미어 프로에서 녹음한 목소리를 더 좋게 수정하는 방법

01 [Effects] 탭에서 [Audio Effects]-[Amplitude and Compression]의 [Multiband Compressor]를 영상의 오디오 트랙 위로 드래그 앤 드롭합니다.

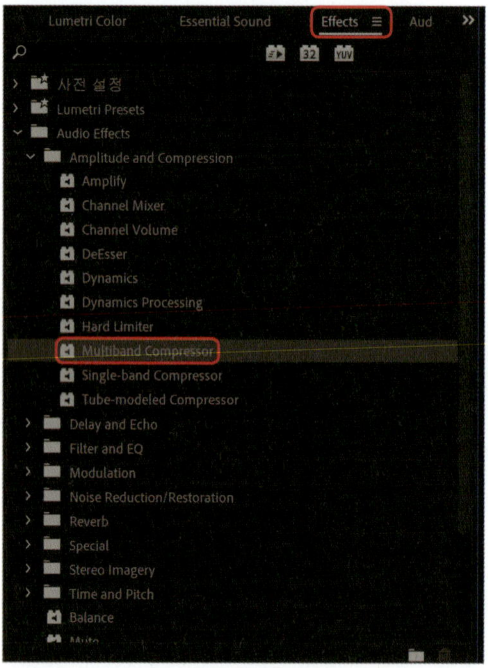

02 [Effect Controls] 탭을 클릭하면 Multiband Compressor 설정 부분이 표시됩니다. [Edit]를 클릭합니다.

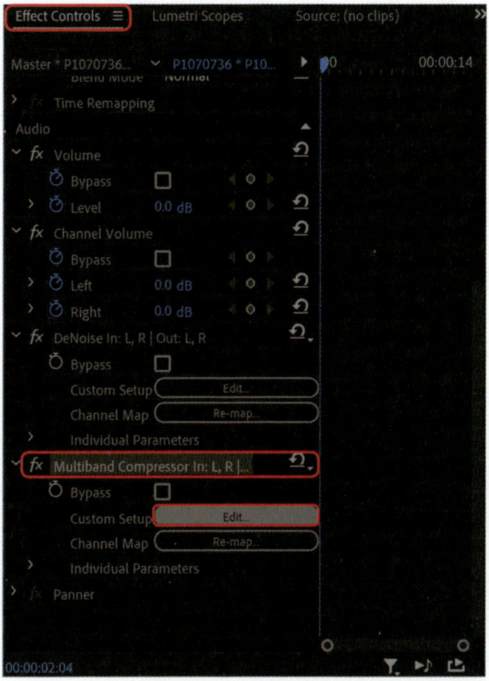

03 [Presets]에서 [(Default)]가 기본값으로 설정되어 있는지 확인합니다.

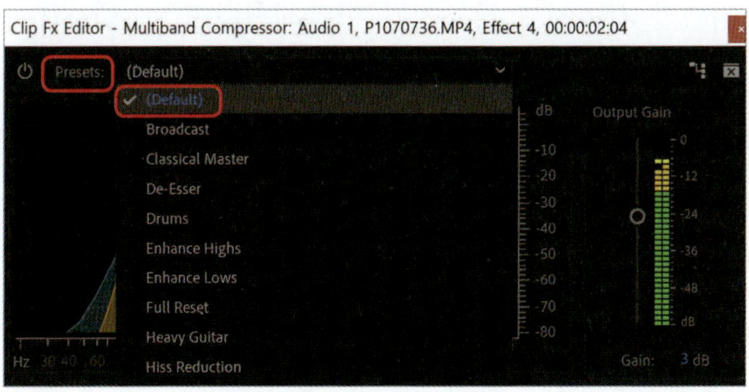

04 그래프의 황토색과 청록색 부분이 노이즈입니다. 영상의 재생 부분을 살펴보면 이야기를 하고 있지 않고 노이즈만 가득한 것을 알 수 있습니다. 황토색과 청록색의 [Gain]을 낮춰주면 영상에서 노이즈가 사라집니다.

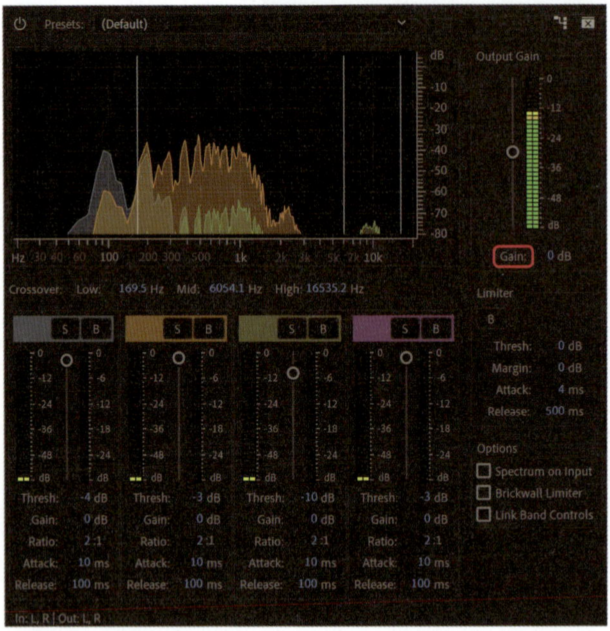

05 전체적으로 음량이 낮아졌기 때문에 [Output Gain]을 조금 높여줍니다. 노이즈가 사라지고 목소리가 명료해졌다면 [Crossover]를 저음부터 고음까지(Low/Mid/High) 조금씩 조절해서 목소리가 좋게 들리는 구간을 설정합니다.

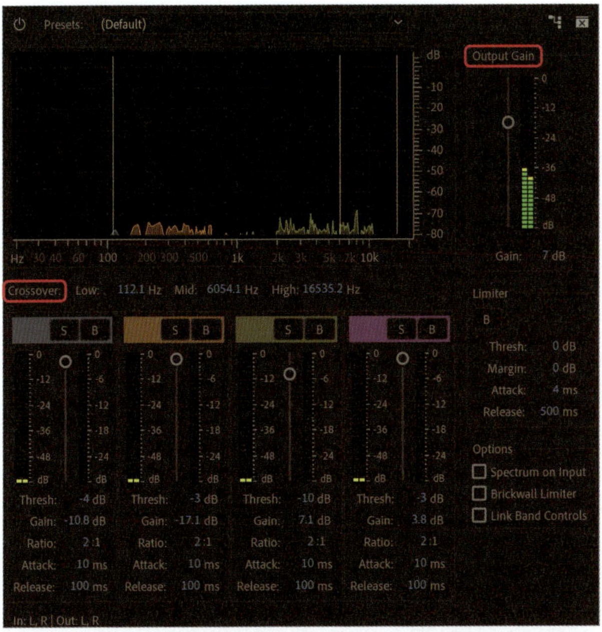

유튜브 영상을 촬영할 때 좋은 소리를 녹음하는 방법과 수정하는 방법을 알아보았습니다. 이러한 방법을 알아두면 한 번쯤 유용하게 쓸 수 있으므로 따라 해보고 좋은 소리를 얻어보세요.

강차분PD의 나는 유튜버다!

[Effects] 탭에서 필요한 설정 항목을 하나씩 클릭해보고 본인의 취향에 맞는 설정을 선택해도 됩니다.

유튜브는 어렵다?

유튜브를 하고 싶은데 엄두를 못 낼 때 주로 하는 이야기는 '나는 컴맹이라서', '유튜브는 너무 해야 하는 게 많아서' 등입니다. 유튜브 채널 운영은 어려운 것이 맞습니다. 실제로 잘하려면 많은 것을 알아야 하고 준비하는 과정도 필요합니다. 누군가에게는 쉬운 일이지만 평소 이런 일을 해보지 않았다면 계정 하나를 만드는 것도 상당히 어려운 일입니다. 이번에는 유튜브 채널 운영을 위한 가장 간단한 방법을 알아보겠습니다.

구글 계정 만들기

유튜브를 하기 위해서는 구글 계정이 있어야 합니다. 안드로이드 스마트폰을 가지고 있다면 구글 계정 정도는 있을 것입니다. 혹시 없다면 구글(google.com)에서 회원가입을 하고 구글 계정을 생성해야 하는데 그 방법에 대해서 알아보겠습니다.

01 구글에 접속합니다. [로그인]을 클릭합니다.

02 하단의 [계정 만들기]를 클릭합니다.

03 성과 이름 그리고 사용하고 싶은 구글 계정을 입력한 후 비밀번호를 입력합니다. 모두 입력했다면 [다음]을 클릭합니다.

04 전화번호와 복구 이메일 주소는 선택사항이지만 비밀번호를 잊었을 경우를 대비해 입력하는 것을 추천합니다. 생일과 성별을 입력한 후 [다음]을 클릭합니다.

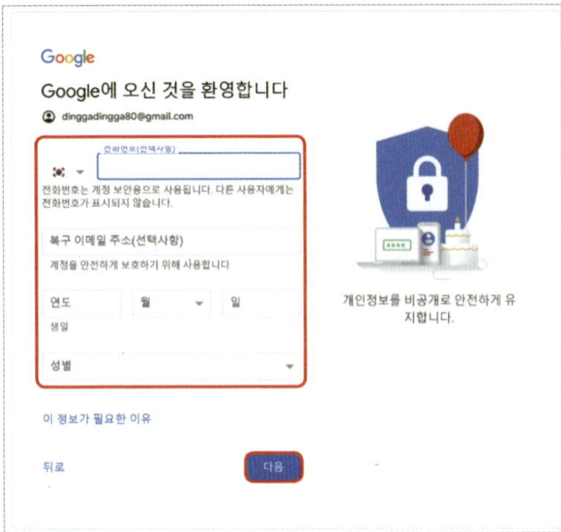

05 구글의 서비스 약관에 동의하고 [계정 만들기]를 클릭합니다.

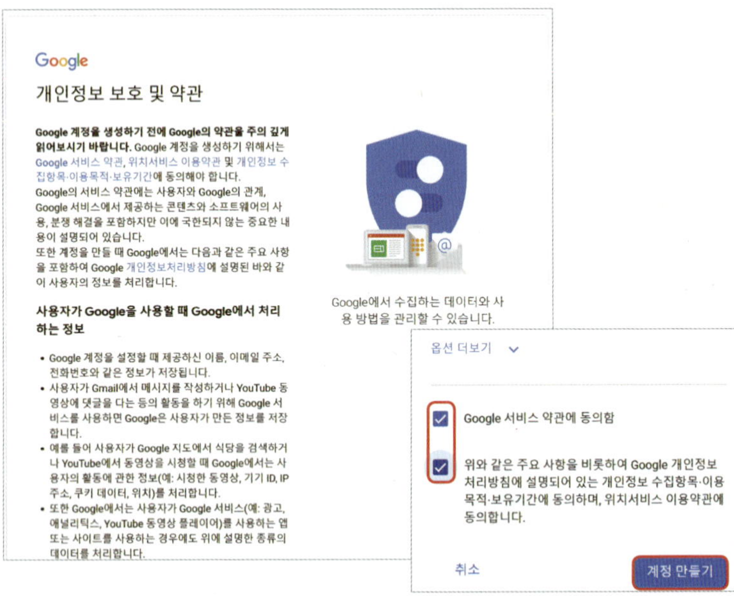

06 다시 구글 홈으로 돌아오면 오른쪽 상단에 로그인이 되어 있는 것을 확인할 수 있습니다.

유튜브 채널 만들기

구글 계정을 생성했다면 이제 유튜브 채널을 만들어보겠습니다.

01 유튜브에 접속해서 오른쪽 상단의 [로그인]을 클릭하고 앞서 만든 계정으로 로그인합니다.

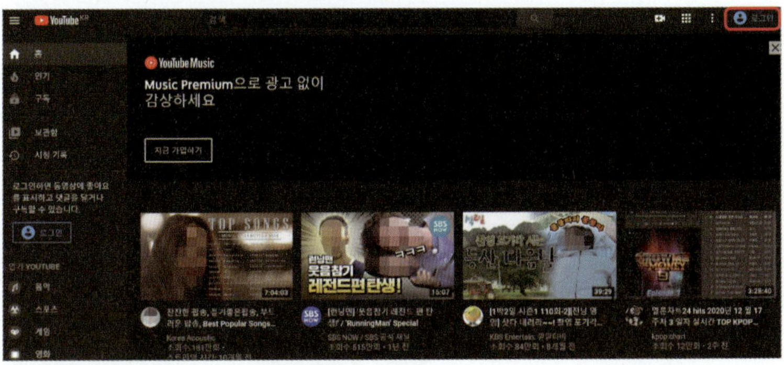

02 로그인 후 오른쪽 상단의 계정 아이콘을 클릭하면 여러 가지 메뉴가 나타납니다. [채널 만들기]를 클릭합니다.

03 크리에이터 활동 시작하기 화면이 표시되면 [시작하기]를 클릭합니다.

04 채널 생성은 [맞춤 이름 사용]으로 만들어보겠습니다. [맞춤 이름 사용]의 [선택]을 클릭합니다.

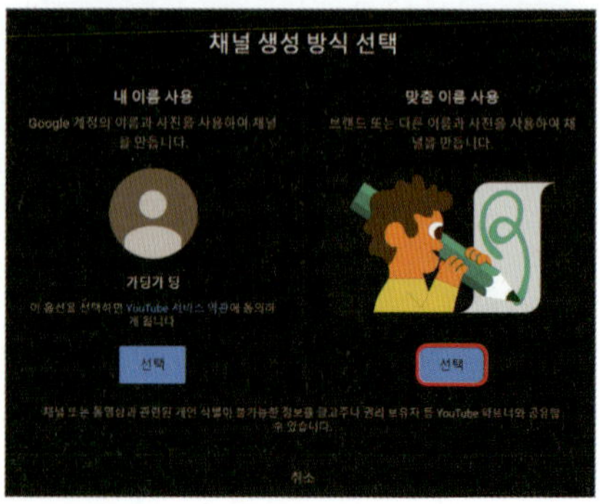

05 '딩가딩가'라는 예시 채널을 만들어보겠습니다. [채널 이름]에 채널명을 입력한 후 [만들기]를 클릭합니다.

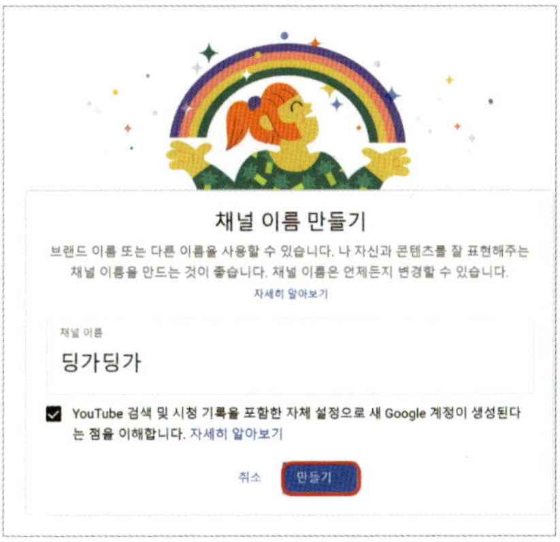

06 채널이 생성됩니다. 간단히 프로필 사진을 업로드해보겠습니다. [사진 업로드]를 클릭합니다.

07 사진을 업로드하면 채널에 프로필 사진이 게시됩니다.

08 시청자를 위한 채널 설명도 입력해주면 좋습니다.

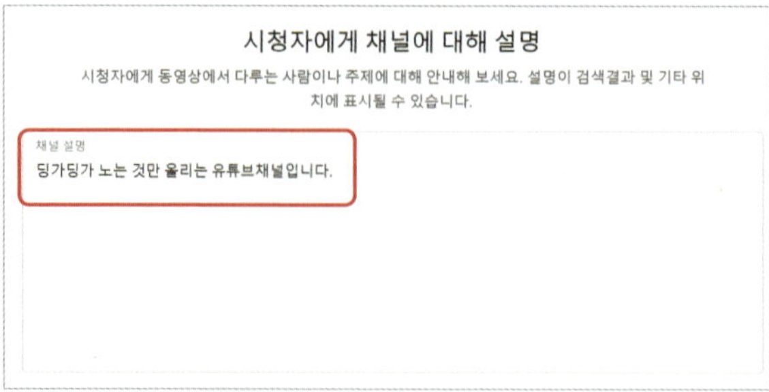

09 운영하는 소셜미디어나 사이트가 있다면 추가해줍니다.

10 모두 입력한 후 [다음]을 클릭하면 채널이 생성됩니다. 첫 동영상 업로드를 위해 [동영상 업로드]를 클릭합니다.

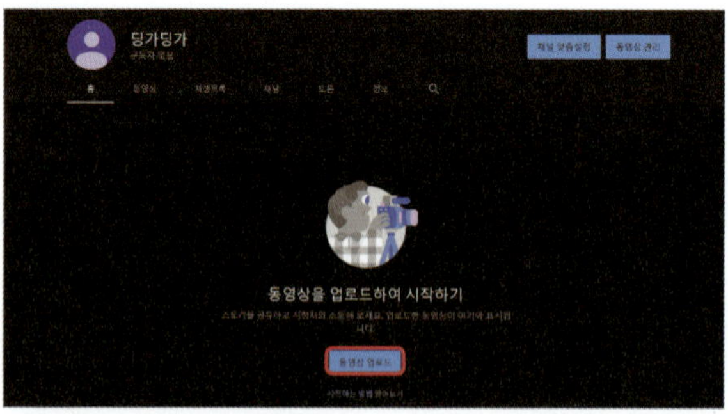

11 동영상 업로드 창이 나타나면 미리 만들어둔 동영상을 업로드합니다.

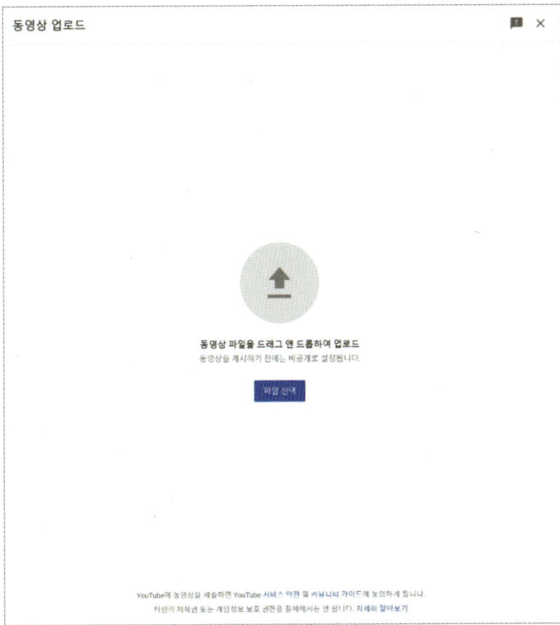

간단한 방법으로 구글 계정 생성부터 유튜브 채널 만들기와 동영상 업로드까지 모두 끝났습니다.

채널 운영자가 영상 편집을 꼭 해봐야 하는 이유

유튜브 채널 운영 시 처음부터 편집은 외주 편집자의 활용을 고려하는 경우가 많습니다. 채널 운영자는 기획, 촬영만 하고 편집은 외주 편집자에게 맡기면, 유튜브 채널 운영 시 가장 많은 시간이 할애되는 편집 과정을 생략할 수 있습니다. 소요되는 시간을 줄일 수 있기 때문에 많은 콘텐츠를 업로드할 수 있고 더 좋은 편집 퀄리티를 보장받을 수 있습니다. 하지만 유튜브 채널을 운영하기 위해서는 짧은 시간이나마 본인이 꼭 편집해보라고 권하고 싶습니다.

기획 의도를 제대로 전달할 수 있다

유튜브 채널을 운영하기 위해서는 최소한 컷을 새로 구성하는 컷 편집까지는 스스로 할 수 있어야 합니다. 채널 운영자의 기획 의도에 맞는 컷 구성을 할 수 있어야 편집 의뢰를 할 때 기획 의도를 정확히 전달할 수 있기 때문입니다. 외주 편집자가 임의로 영상의 순서를 배치하면 기획 의도와 편집 결과물이 다르게 나올 수 있습니다.

편집을 고려해 촬영할 수 있다

편집을 할 수 있어야 편집에 용이한 촬영을 할 수 있습니다. 영상마다 적절한 편집점을 잡아서 촬영하거나 인서트(미리 촬영해둔 장면을 통해 설명을 부각하는 영상)를 촬영하는 등 편집을 고려해 촬영을 하게 됩니다.

잘못된 편집의 수정을 요청할 수 있다

편집 스킬을 알아야 편집자의 잘못된 편집을 수정해달라고 요구할 수 있고 본인이 원하는 편집 방향을 외주 편집자에게 요구할 수 있습니다. 처음부터 외주 편집을 맡길 예정이라고 해도 간단한 편집 기술을 알려주는 유튜브 채널도 많으므로 기본적인 편집 방법을 익혀두는 것이 좋습니다.

최소의 시간을 투입해서 최고의 결과를 만들어내는 방법

유튜브 영상을 하나 만드는 데도 많은 공이 들어갑니다. 기획, 촬영, 편집 등 어느 부분에서나 공을 들이자면 한도 끝도 없습니다. 기획 단계에서는 멋진 장소나 연기자를 섭외하고, 촬영에 필요한 아이템을 추가로 구매할 수도 있습니다. 촬영은 하루 만에 찍을 수도 있고 여러 날에 걸쳐 진행할 수도 있습니다. 작게는 스마트폰 촬영에서부터 카메라를 한 대 또는 여러 대 사용할 수도 있고, 조명을 많이 쓰거나 짐벌을 사용하고, 좋은 음향 장비를 투여해 더 좋은 촬영 결과물을 만들어낼 수 있습니다. 편집도 간단한 컷 편집에서부터 자막, 효과, 색보정 등 공을 들일 수 있습니다.

여력이 된다면 영상에 공을 많이 들여서 좋은 영상을 만들어내는 것이 좋지만 채널을 운영할 때는 영상에 들일 수 있는 시간과 효율을 따져봐야 합니다.

큰 기획을 하고 다양한 촬영 장비를 동원해 공들여 찍고 편집을 하다 보면 부득이하게 들이는 시간이 많아지거나 점점 더 많은 자원을 투여해야 합니다. 최선을 다해 좋은 영상을 만들어내는 것이 좋겠지만, 어떠한 목표를 이루어야 하는 유튜브 영상이라면 많은 자원을 투여한 후 성과가 나지 않았을 때 힘이 빠질 수 있습니다.

유튜브 채널을 운영하면서 내가 만들 수 있는 최고의 효율, 최고의 성과를 낼 수 있는 영상을 찾아야 합니다. 다행히도 유튜브는 고퀄리티 영상만이 성공하는 시장이 아닙니다. 기발한 아이디어와 기획이 있다면 한 대의 스마트폰으로 찍고 간단히 편집해도 성공할 수 있습니다. 내가 못 하는 것을 많은 자원으로 커버하기보다는 내가 가장 잘하는 것을 해서 효율을 높이고, 스스로 만들 수 있는 최고의 영상을 기획해야 합니다.

예를 들어 영화에 관한 이해도가 높고 평소에 영화를 많이 보는 사람이라면 영화 한두 편을 봤을 때 한 편의 리뷰를 쉽게 머릿속에 떠올릴 수 있을 것입니다. 이처럼 내가 가장 잘하는 부분을 부각시켜 효율을 높이는 것입니다. 내가 말을 잘하는 편이라면 기획력이 많이 투여된 브이로그를 찍고 오랜 시간 편집해서 월에 동영상 한 편을 겨우 올릴 것이 아니라, 테이블에 앉아서 단순히 이야기만 하는 채널을 개설하고 영상을 주 2~3회 업로드하는 것이 나을 수 있습니다. 시간은 유한합니다. 내가 투여할 수 있는 최소의 시간을 투입해서 최고의 결과를 만들어내는 방법을 항상 고민해야 합니다.

유튜브,
정말 돈이 될까?

많은 사람이 유튜브를 시작하고 운영하는 이유는 대부분 돈 때문입니다. 과연 유튜브는 돈이 될까요? 구독자 몇십만 명이 되는 채널은 당연히 돈을 벌 수 있겠지만 10만 명 미만의 구독자를 보유한 채널은 과연 얼마의 돈을 벌어들이고, 또 어떤 경제적 수익을 얻을 수 있을지 궁금할 것입니다. 결론부터 이야기하자면 구독자수와 수익이 정비례하는 것은 아닙니다.

구독자 1,000명과 시청 시간 4,000시간을 넘기면 구글에서 광고 수익을 지급합니다. 하지만 유튜브의 최소 기준을 충족했다고 해도 구독자가 몇 명이 되지 않는 시점에서 조회수 역시 잘 나오지 않는다면 수익이 많이 나기는 어렵습니다. 보통 몇십만 원 수준입니다. 하지만 구독자가 몇만 명을 넘어간 이후의 시점에서는 본인이 운영하는 채널의 카테고리에 따라 수익을 얻을 수 있는 수많은 길이 열립니다. 리뷰나 광고에 적합한 채널이라면 기업의 브랜디드 콘텐츠를 받아 광고 영상을 제작할 수 있습니다. 적게는 몇십만 원에서부터 몇백만 원 정도의 광고를 수주할 수 있습니다.

> 구독자수가 적은 채널에 어떤 회사가 광고할까 싶지만 구독자수 1만 명 이하의 채널이라도 채널 구독자의 충성도가 높고 채널의 특성이 확실하다면 기업들은 광고를 의뢰합니다.

또 채널의 영상을 통해서 새로운 취업의 기회를 얻거나 기존에 운영하던 사업이 잘 운영되는 경우는 수도 없이 많습니다. 또한 특기를 보유한 채널이라면 온라인 강의를 시작해서 새로운 수익을 창출하는 경우도 많습니다. 이렇게 유튜브 수익은 구글 광고 수익 외에도 다양한 방향으로 창출될 수 있습니다. 필자가 직접 경험했던 내용입니다. 여러분의 채널도 광고 의뢰를 받을 수 있습니다.

기업이 내 채널을 찾아내도록 하는 방법

채널을 운영하면서 구독자가 조금씩 늘었다면 이제 광고를 할 차례입니다. 하지만 기업이 광고를 의뢰하려면 내 채널을 우선 알려야 합니다. 지금부터 기업 광고를 받기 위한 전략적 운영 방법을 알아보겠습니다. 기업이 브랜디드 광고를 의뢰하기 위해서 가장 먼저 하는 일은 광고하고자 하는 제품과 잘 어울리는 채널을 찾는 일입니다. 유사한 광고를 진행한 사례가 있는 채널이거나 비슷한 제품을 리뷰했고, 후기를 좋게 남겼던 채널을 찾는 것입니다. 다음의 방법을 잘 읽고 기업이 내 채널을 찾을 수 있도록 작업해봅니다.

내 채널에 적합한 레퍼런스를 쌓자

내 채널에 적합한 리뷰를 남기고, 제품 체험기를 업로드해서 시청자의 반응을 끌어내는 것이 우선입니다. 일상 채널을 운영하고 있다면 여행을 가서 호텔 리뷰를 하거나 잘 사용한 화장품의 사용 후기를 올리고 인상 깊게 봤던 영화의 리뷰 영상을 만드는 등 레퍼런스를 쌓을 필요가 있습니다. 기업이 내 채널을 발견할 수 있도록 꾸준히 영상을 업로드하고 그 영상의 조회수도 좋게 나와야 합니다.

채널과 영상에 이메일 주소를 남기자

채널의 정보란과 영상 더보기에 이메일 주소를 꼭 넣어둡니다. 영상을 보고 광고를 의뢰하고 싶더라도 연락할 방법이 있어야 연락을 할 수 있기 때문입니다.

광고 의뢰 플랫폼을 적극적으로 활용하자

커뮤니티 게시판이나 유튜버에게 리뷰 광고를 의뢰해주는 플랫폼을 이용합니다. 유튜버가 모인 커뮤니티 게시판에는 종종 제품 리뷰를 원하는 기업들의 홍보 게시물이 올라옵니다. 적극적으로 응모해서 제품 리뷰나 홍보를 수주할 수 있습니다.

요즘은 기업의 의뢰를 받아서 제품을 제공하고 리뷰 의뢰를 대신해주는 플랫폼이 많으므로 이를 이용하는 것도 좋은 방법입니다. 또 그런 플랫폼의 의뢰를 받아 좋은 후기를 만들어주면 다음에도 더 많은 제품 광고를 받을 수 있는 기회가 열립니다. 대표적인 사이트에는 크레브(https://creve.co.kr)가 있습니다.

채널 카테고리별로 달라지는 수익화 전략

운영하는 채널의 카테고리별로 수익화 전략은 약간 다를 수 있습니다. 가장 쉽게 생각할 수 있는 유튜브 광고 수익을 제외한 다른 수익화 전략에는 어떤 것이 있는지 자세히 알아보겠습니다.

커버송 유튜브

노래 커버를 하는 유튜버는 대부분 저작권 제약으로 유튜브 수익이 발생하기 어렵습니다. 노래 커버를 꾸준히 올려도 수익이 없기 때문에 다른 방법으로 축가나 행사, 보컬 레슨을 병행하고 다른 수익을 위한 홍보 용도로 유튜브 채널을 활용합니다.

영화 리뷰

영화 리뷰 역시 저작권에서 100% 자유롭지 못하기 때문에 유튜브 수익을 내기 어렵습니다. 가장 좋은 방법은 영화 배급사의 광고 의뢰를 받아서 리뷰를 해주고 수익을 내는 방법입니다. 그렇지 못한 경우에는 배급사의 동의를 얻어 리뷰를 작성한 후 유튜브 수익을 얻어야 합니다. 간혹 오래된 영화처럼 저작권 관리가 되고 있지 않은 영화의 리뷰를 통해 수익이 나기도 합니다. 또한 영화 리뷰어로 명성이 쌓인다면 출판 등을 생각해볼 수도 있습니다.

여행 유튜브

여행 채널은 브랜디드 광고를 통해 수익을 내는 것이 바람직합니다. 여행사와의 연계를 통해서 광고 수익을 내거나 호텔 리뷰 등을 통해 수익을 내는 것이 좋습니다. 여행기가 많아진다면 출판 등도 고려해 볼 수 있습니다.

이벤트 해도 될까?

구독자를 더 많이 늘리고 싶은 마음은 누구나 같습니다. 예전에는 구독을 조건으로 선물을 주거나 '좋아요'를 부탁하며 구독자 이벤트를 하는 경우가 많았으나 유튜브에서는 서비스 정책 업데이트를 통해 이러한 이벤트를 하지 말 것을 권고하고 있습니다.

서비스 사용 시 다음 제한사항이 적용됩니다.

1. (a) 서비스의 명시적 승인, 또는 (b) YouTube 및 해당하는 경우 각 권리 소유자의 사전 서면 승인을 받은 경우를 제외하고는, 서비스나 콘텐츠의 어떤 부분에 대해서도 액세스, 복제, 다운로드, 배포, 전송, 방송, 표시, 판매, 라이선스 부여, 변경, 수정 또는 그 밖의 사용을 금지합니다.
2. (a) 콘텐츠의 복사 또는 기타 사용을 방지 또는 제한하거나, (b) 서비스 또는 콘텐츠의 사용을 제한하는 기능 또는 보안 관련 기능을 포함하여 서비스의 어떤 부분에 대해서도 우회, 무력화, 기망적인 관여 또는 그 밖의 방해 행위(또는 이러한 행위들에 대한 시도)를 금지합니다.
3. (a) YouTube의 robots.txt 파일에 따른 공개 검색엔진의 경우, 또는 (b) YouTube의 사전 서면 승인을 받은 경우를 제외하고, 자동화된 수단(로봇, 봇넷 또는 스크래퍼 등)을 사용해 서비스에 액세스하면 안 됩니다.
4. 당사자의 허가를 받거나, 위의 3항에서 허용하지 않는 한, 개인 식별이 가능한 정보(예: 사용자 이름)를 수집해서는 안 됩니다.
5. 서비스를 사용해 원치 않는 홍보성/상업성 콘텐츠나 그 밖의 원치 않는 대량의 구매 권유 자료를 배포하면 안 됩니다.
6. 동영상 조회수, 좋아요 또는 싫어요 수를 늘리거나, 채널 구독자 수를 늘리기 위해 사람들에게 비용을 지불하거나, 인센티브를 제공하는 등 서비스에 대한 실제 사용자 참여도의 부정확한 측정을 야기 또는 조장하거나, 달리 어떠한 방법으로든 측정항목을 조작하면 안 됩니다.
7. 근거가 없거나, 권한을 남용하거나 또는 사소한 제출 등으로 보고, 신고, 불만 제기, 이의 제기 또는 항소 절차를 남용하면 안 됩니다.
8. 본 서비스에서 또는 본 서비스를 통해 YouTube 컨테스트 정책 및 가이드라인을 준수하지 않는 컨테스트를 시행하면 안 됩니다.
9. 개인적, 비영리적 용도 외의 목적으로 콘텐츠를 보거나 듣기 위해 서비스를 사용하면 안 됩니다(예를 들어, 공개적으로 서비스의 동영상을 상영하거나, 음악을 스트리밍하면 안 됩니다).

▲ 유튜브의 서비스 사용 제한 사항

부정확한 측정을 야기할 수 있는 조작을 금지한다는 조항이 새로 생긴 것입니다. 이벤트를 하면 불이익을 준다는 조항은 아니지만 유튜버들이 예전보다 조심하는 것도 사실입니다. 이 조항은 개인 유튜버의 이벤트를 금지한다기보다는 대규모의 자본을 투입해서 채널의 구독자를 조작하려는 이벤트를 금지한 것에 가깝다고 볼 수 있습니다. 개인이 소소하게 본인의 구독자를 대상으로 시행하는 이벤트를 유튜브에서 굳이 막을 필요가 없기 때문입니다.

필자의 개인적인 생각으로는 기존 구독자에게 감사의 의미로 이벤트를 진행하는 것이 아닌 구독자를 늘리기 위한 무분별한 이벤트는 유튜브 정책을 떠나서 좋은 선택은 아니라고 봅니다. 구독자를 늘리기 위해 이벤트를 진행하는 경우를 많이 보았는데, 일시적으로 구독자 상승은 따라오지만 시간이 지나면 70~80% 이상은 다시 이탈하는 경우가 많습니다. 이벤트 상품에 이끌려 구독을 한 구독자라면 더 이상 이벤트가 없는 채널의 영상을 시청해줄 확률이 높지 않습니다. 또 이벤트 과정이 매끄럽지 못한 경우에는 논란과 불만이 생깁니다. 당첨자의 투명성에 대한 문제 제기나 당첨되지 않았을 때 불만을 품는 경우도 종종 보았습니다. 이벤트는 내 채널에 도움이 될 수도 있고 아닐 수도 있지만, 적지 않은 비용이 들다 보니 가능한 여러 가지 사항을 모두 고려해서 진행하는 것을 추천합니다.

CHAPTER 05

유튜브 카테고리별 채널 운영 전략

필자가 직접 운영해봤거나 채널을 운영하는 여러 사람과 나눈 이야기를 바탕으로 유튜브 카테고리별로 알고 있으면 유용한 내용을 정리해봤습니다.

이슈 채널

일상에서 생기는 여러 이슈를 정리해서 영상을 통해 전달해주는 채널이 이슈 채널입니다. 논란이 생길 만한 일을 소개하거나 특이한 사건을 전달하는 채널로 구독자 충성도가 높은 경우도 많습니다. 사회적으로 민감한 이슈를 다루기 때문에 단기적으로 높은 조회수를 얻을 확률이 높습니다. 본인의 생각을 소신 있게 말할 수 있다면 의견에 공감하는 팬을 얻을 수 있지만 민감한 주제가 많으므로 그에 따라 시청자의 의견이 많이 갈리면서 악플과 싫어요, 각종 고소에 시달릴 위험도 있습니다. 또한 채널의 특성상 광고주가 선호하지 않기 때문에 기업의 광고를 진행하기 어려운 단점도 있습니다.

마음가짐을 단단히 해야 한다

이슈 채널은 채널 운영 전략을 신중히 생각해보고 실행할 필요가 있습니다. 이슈 채널을 시작하기 전에 우선 마음가짐을 확실히 할 필요가 있습니다. 사회적으로 민감한 이슈를 다루므로 반대의 생각을 하는 사람들이 분명히 있을 수 있고, 어떤 사건을 다뤘다는 사실만으로 많은 비난과 욕을 감수해야 할 수도 있습니다. 모든 사람을 전부 만족시킬 수 없다는 것을 인식하고 다른 생각을 가진 사람들에게 미움을 받을 수 있다는 각오도 필요합니다. 채널이 잘되면 나의 사생활도 신경 써야 합니다. 반대 의견을 가진 사람들에게 실생활의 위협을 받을 수도 있습니다. 본인이 유명인이라면 기사에도 자주 등장하게 됩니다. 이에 따라 특정 이슈 유튜버는 가면을 쓰거나 얼굴이 노출되지 않은 상태로 채널을 운영하기도 합니다.

다방면으로 자료 수집을 해야 한다

채널 운영의 주제를 찾기 위해서는 부지런함이 필수입니다. 뉴스를 시청하고 많은 커뮤니티에서 정보를 수집해 방송의 주제를 찾습니다. 하나의 주제가 선정되면 내용을 구성할 만한 다른 자료들을 수집합니다. 이 과정은 상당히 중요한데 사건을 한쪽 측면에서만 볼 것이 아니라 여러 측면에서 취재에 가깝게 자료 수집을 해야 합니다. 본인의 의견이 정해져 있다고 하더라도 사건의 팩트만큼은 정확히 전달해야 하기 때문입니다. 그 후 여러 곳에서 다양한 사람의 생각을 수집합니다. 커뮤니티나 기사 댓글을 통해 보편적인 사람들이 어떤 생각을 하고 있는지 수집하고 나서 모든 자료를 펼쳐놓고 생각을 정리해봅니다. 내 의견은 대중의 생각과 같을 수도, 다를 수도 있습니다. 자료와 함께 생각을 글로 정리해봅니다. 잘못된 사실을 말할 경우에 후폭풍이 크기 때문에 꼭 글로 써서 다시 읽어보면서 내용을 정리해야 합니다.

촬영과 편집은 빠르게 이루어져야 한다

편집 과정에서 필요한 자료를 함께 첨부합니다. 이때 저작권 등의 이슈가 일어날 여지도 고려해야 합니다. 기사 등은 공정 이용으로 사용할 수 있겠지만 타인의 영상이나 얼굴 사진 등은 저작권이나 초상권 이슈가 발생할 수도 있습니다. 모든 편집이 끝났다면 업로드 전에 사건의 변화가 없었는지를 다시 한번 체크해줍니다. 사건은 시간이 흐를수록 변화하고 수집 시점의 팩트가 업로드 시점과 같은지도 중요하기 때문입니다. 수집, 제작 시점과 지금의 상황이 다르다면 다시 내용을 정리한 후 영상을 만들어야 합니다. 절대 쉬운 일이 아니며 이 모든 과정은 빠르게 이루어져야 합니다. 마지막으로 채널에 영상을 업로드할 때는 이슈 상황에 맞는 적절한 키워드를 제목에 넣어야 합니다.

이슈 채널은 좋은 주제를 찾고 빠르게 제작해서 남들이 공감할 수 있는 의견을 추가해 업로드하는 것이 핵심입니다. 하지만 그 과정이 결코 쉽지 않다는 것을 기억합니다. 뚜렷한 자기 주관이 있는 유튜버라면 좋은 결과를 얻을 수 있을 것입니다.

먹방 채널

먹방 채널은 쉽게 시작할 수 있을 것 같지만 생각보다 힘든 점이 많습니다. 많이 먹는 먹방, 특이한 음식 먹방, 요리 먹방 등 유튜버마다 선호하는 먹방이 각각 다르므로 일반적으로 고려해야 할 사항만 정리해보겠습니다.

나도 먹방 채널을 운영할 수 있을까?

음식 먹기를 좋아하는 것과 맛있게 먹는 것은 다르다는 것을 촬영을 하다 보면 알 수 있습니다. 먹는 것을 좋아해도 맛있어 보이게 먹는 것은 쉬운 일이 아닙니다. 더군다나 하나의 음식만 먹는 것이 아니라 이미 배가 부른 상태에서 많이 먹어야 하거나 평소 선호하지 않는 음식을 맛있게 먹을 수 있는지를 스스로 질문해봐야 합니다.

카메라 앵글과 녹음이 중요하다

이러한 사항을 모두 고려했다면 어떻게 찍을 것인지를 고민해봅니다. 음식이 미리 차려진 상태에서 먹기 시작할 것인지, 반조리 과정을 거쳐서 만들어 먹을 것인지, 카메라는 하나를 쓸 것인지, 두 개를 쓸 것인지, 녹음은 어떤 마이크를 통해 할 것인지 등을 생각해 봅니다.

보통 카메라는 본인보다 높은 앵글을 사용합니다. 테이블에 차려진 음식이 잘 보일 수 있는 앵글을 사용해야 하므로 카메라가 높아진 만큼 책상을 높게 올려서 세팅합니다. 그런 다음 카메라 앞에 음식이 잘 보이도록 놓습니다. 마이크는 현장감 있는 사운드 수음을 위해 먹는 소리가 잘 녹음될 수 있도록 좋은 마이크를 사용하는 것이 좋습니다. 먹방에 ASMR이 더해진 지도 꽤 오래되었습니다. 최소한 핀마이크라도 준비해서 씹는 사운드 등을 부각해 수음할 수 있어야 합니다.

다른 채널을 참고하되, 내 강점을 찾아라

이제 최소한의 세팅이 끝났습니다. 이제 먹을 음식을 고민해야 합니다. 다른 먹방 유튜버는 무엇을 먹었는지, 어떤 식으로 섬네일을 제작했는지 등을 살펴봅니다. 다른 먹방러를 참고하되, 나만이 강점으로 만들 수 있는 부분을 체크해봅니다. 음식을 먹을 때 어떤 리액션을 하는지, 씹는 소리는 어떻게 내는지, 표정이나 조리법 등은 어떤지 등을 고려하여 나만의 먹방을 제작해봅니다.

ASMR 채널

ASMR 채널은 마니아층이 확실합니다. 본인이 ASMR을 좋아하는 경우에 시작하면 좋습니다. 장르나 주제 등은 지극히 본인의 취향이기 때문에 스스로 선택합니다. 본인의 목소리를 들려주는 채널이나 평소 듣기 힘든 소리(사물이나 물체, 자연의 소리)를 녹음해서 들려주는 채널, 먹는 소리를 들려주는 채널 등 많은 종류의 채널이 있습니다. 우선 많이 들어보고 본인의 취향에 맞는 채널을 선택하는 것이 좋습니다.

녹음과 편집이 중요하다

ASMR 운영 시 가장 중요한 것은 녹음과 편집입니다. 기본적으로 평소 듣지 못하거나 작게 들렸던 소리를 들려줘야 하는 채널이므로 좋은 성능의 마이크가 필요합니다. 저렴한 핀마이크부터 고가의 초지향성 마이크까지 여러 종류의 마이크가 사용되지만 장르에 따라 다른 마이크의 선택이 필요하므로 우선은 저렴한 마이크로 시작해 보는 것을 추천합니다. 소리를 잘 녹음하는 방법 중 가장 좋은 것은 소리가 나는 부분과 녹음하는 마이크를 가까이 두는 것입니다.

핵심 콕콕 용어 TIP ASMR 자율 감각 쾌락 반응(ASMR, Autonomous Sensory Meridian Response)을 의미합니다. 주로 청각을 중심으로 하는 시각적, 청각적, 촉각적, 후각적 혹은 인지적 자극에 반응하여 나타나는 형언하기 어려운 심리적 안정감이나 쾌감 따위의 감각적 경험을 일컫는 말입니다(출처 : 위키백과).

예를 들어 종이가 구겨지는 소리를 들을 때 종이를 귀 옆에 두고 구겨보는 일은 거의 없습니다. 소리가 발생하는 위치는 내 귀와 어느 정도 거리가 있으므로 다른 소음이나 거리 등의 영향으로 종이 구기는 소리를 자세히 들어본 일이 없을 것입니다. 하지만 ASMR 채널에서는 마이크 아주 가까이에서 소리를 수음함으로써 거리나 기타 영향으로 손실되어 듣지 못했던 미세한 소리까지도 들을 수 있습니다. 심지어 편집 과정을 거쳐 잘 정제된 소리로 말이죠. 따라서 눈앞에서 종이가 구겨지는 영상을 보며 그런 소리를 들었을 때는 인지적 부조화와 함께 자극이 느껴지게 됩니다. 분명 종이는 멀리서 구겨지고 있는데 바로 귀 옆에서 생생하게 소리가 들려오는 것입니다.

먹는 소리도 마찬가지입니다. 평소 튀김을 먹는다고 했을 때 잘 정제된 바삭바삭한 소리를 들어볼 일은 거의 없습니다. 남이 먹을 때도 마찬가지입니다. 하지만 ASMR 영상에서는 음식을 먹는 소리가 귀 바로 옆에서 먹는 것처럼 생생하게 들려오기 때문에 먹는 소리라는 것을 인지하고 있기는 하지만 약간의 부조화와 함께 자극적으로 느껴지게 되는 것입니다.

사운드 편집이 꼭 필요하다

이렇듯 ASMR의 가능성은 무궁무진합니다. 평소에 우리가 귀를 기울여도 들어볼까 말까 한 소리를 전부 콘텐츠화할 수 있습니다. 예를 들어 풀벌레의 우는 소리, 옷을 입고 벗는 소리, 종이에 연필로 필기하는 소리 등 주제는 매우 다양하므로 좋은 소리를 찾아 수음한 후 그에 맞는 영상을 촬영해서 제작해봅니다. 사운드 편집 시에는 기본적인 노이즈 제거와 불편하게 느껴지는 주파수대를 없애는 작업이 필요합니다. 또한 평소 듣지 못했던 소리를 들려주어야 하기 때문에 적절히 볼륨도 조절해줍니다. 이렇게 기본 사운드를 편집한 다음 불편한 사운드를 덜어냅니다. 녹음 피치가 올라가서 음향이 찢어지는 부분을 수정하거나 필요 없는 소리 등을 덜어냅니다. ASMR의 특성상 영상의 길이가 길기 때문에 이 과정에 생각보다 많은 시간을 소요하게 되지만 꼭 필요한 과정입니다.

강차분PD의 나는 유튜버다!

유튜버들은 어떤 음향 편집 프로그램을 쓸까?

유튜버들이 주로 사용하는 음향 편집 프로그램으로는 어도비의 '오디션'이 있습니다.

ASMR은 영상 재생 시간이 길어서 시청자들이 수면 시간에 듣는 경우도 많습니다. 이때 중간 광고는 최대한 배제하는 것이 좋습니다. 조용한 소리를 들으며 잠들길 바라던 시청자가 중간 광고로 인해 불편함을 느낄 수 있기 때문입니다.

반려동물 채널

반려동물 채널은 귀여운 동물을 아주 좋아하는 시청자가 주로 볼 것입니다. 동물을 보면서 마음의 힐링을 얻는 경우가 많은데 채널을 운영하면서 주의할 점을 알아보겠습니다.

진정성을 갖고 채널을 운영하자

반려동물 채널은 진정성 있게 동물을 사랑하는 마음으로 채널을 운영해야 합니다. 동물을 사랑하는 시청자의 마음은 진심입니다. 물론 동물을 데리고 유튜브를 하면서 조작 영상을 만들어 올리는 경우는 많지 않겠지만 영상에서 본인이 얼마나 반려동물을 사랑하고 아끼는지는 시청자들에게도 고스란히 전달됩니다. 사소한 말투나 행동 하나하나가 전부 영상에서 드러나는 만큼 본인이 정말 동물을 사랑하는 마음을 가진다면 많은 시청자가 공감해줄 것입니다.

감수성을 자극하지 마라

민감한 감수성을 자극하지 말아야 합니다. 아무리 본인의 반려동물과 자주 하는 장난이라 할지라도 동물을 사랑하는 시청자에게는 불편하게 느껴질 수 있으므로 조심해야 합니다. 또한 주인이 없는 유기동물이라고 해도 동물에게 피해를 줄 수 있는 행동은 미리 알고 주의해야 합니다. 동물이 출연하는 콘텐츠는 시청자가 민감하게 반응할 수 있는 부분이 많으므로 각별히 주의가 필요합니다.

빠른 셔터 스피드가 필요하다

동물을 촬영하는 것은 생각보다 쉽지 않습니다. 사람보다 빠른 움직임을 보이는 동물을 광량이 부족한 실내에서 촬영하기 위해서는 빠른 셔터 스피드가 필요합니다. 흔히 촬영할 때 쓰는 1/50 정도의 셔터 스피드로는 선명하지 못하고 흔들리는 영상만 얻을 확률이 높습니다. 이때는 셔터 스피드를 최대한 확보할 수 있는 카메라로 촬영하면 도움이 됩니다. 셔터 스피드를 확보하기 위해서는 최대한 실내를 밝게 하고 조리개를 조절할 수 있다면 조리개를 최대한 연 상태에서 셔터 스피드를 1/80 또는 더 빠르게 촬영해야 좋은 결과물을 얻을 수 있습니다.

핵심 콕콕 용어 TIP **셔터 스피드** 센서가 빛을 받기 위해 셔터를 열어두는 시간을 말하며 초 단위로 말하기 때문에 1/2은 0.5초 동안 셔터가 열려있는 것을 뜻합니다.

강차분PD의 나는 유튜버다!

조리개를 연다는 것은 무슨 뜻인가요?

카메라를 조작할 때 조리개 수치가 적은 것을 열린 조리개라고 부릅니다.

포커스 추적이 빠른 카메라나 액션캠을 이용하자

동물은 예측하지 못한 움직임을 보일 때가 많으므로 포커스 추적이 빠른 카메라를 사용하는 것이 좋습니다. 액션캠을 활용하는 것도 좋은 방법입니다. 반려동물이 한군데 가만히 있어 주는 경우는 잘 없습니다. 유기 동물이라면 경계심이 많아서 촬영하면 다가오지 않는 경우도 많습니다. 이때는 액션캠을 거치한 후 조금 멀리 떨어져서 촬영하면 생각지도 못했던 영상을 얻을 수도 있습니다.

내 채널의 영상은 나만 보는 것이 아니라 여러 생각을 가진 다양한 사람들이 본다는 것을 인지하고 동물에 관해 충분히 공부하고 영상을 만들기를 바랍니다.

정치 채널

정치에 관심이 많고 할 말이 많다면 정치, 사회 채널을 운영할 수 있는데, 보통 얼굴을 드러내고 소신 있는 발언을 하는 경우가 많습니다. 본인과 같은 정치색을 가진 시청자의 응원을 받을 수 있다는 장점도 있지만, 한두 번의 실수로 큰 지탄을 받기도 합니다. 미리 제작한 영상을 업로드하는 경우도 많지만 주로 라이브 방송으로 운영하며, 라이브 방송 시에 후원받을 수 있습니다. 단점으로는 광고를 거의 기대할 수 없고 채널 성향에 따라서 대부분이 '광고주에게 적합하지 않음'을 의미하는 노란 딱지를 받는 경우가 많아서 영상 조회수로 수익을 내기가 쉽지 않습니다. 또한 반대 성향을 보인 채널이나 시청자에게 공격받아서 순식간에 채널이 망하는 경우도 많으므로 스스로 멘탈이 강하다고 생각하는 유튜버라면 도전하길 추천합니다.

$ 제한됨

동영상에 수익 창출을 사용 설정했지만 광고주 친화적인 콘텐츠 가이드라인을 일부 충족하지 못하므로 브랜드에서 해당 콘텐츠에 광고 게재를 중지하도록 선택할 수 있습니다. 일반적으로 이 콘텐츠는 모든 광고주에게 적합한 콘텐츠에 비해 광고 게재 가능성이 낮기 때문에 창출되는 수익이 적을 수 있습니다.

노란색 아이콘의 의미:

- **상태 설명에 '광고 제한 또는 배제. 검토를 요청할 수 있음'이라고 표시된 경우:** YouTube 자동 시스템이 이 동영상을 평가했다는 의미입니다. 검토를 요청할 수 있습니다. 검토를 요청하면 정책 전문가가 동영상을 다시 살펴보고 적절한 경우 동영상의 수익 창출 상태를 변경할 수 있습니다.
- **상태 설명에 '현재 광고 제한 또는 배제 상태이지만 동영상 검토가 진행 중'이라고 표시된 경우:** 정책 전문가(머신이 아닌 실제 사람)가 검토 중이라는 의미입니다. 전문가들은 수익 창출 상태를 유지하거나 변경할 수 있으며 결정된 사항은 번복되지 않습니다.
- **상태 설명에 '현재 광고 제한 또는 배제 상태임. 직접 검토로 확인됨'이라고 표시된 경우:** 정책 전문가가 동영상을 검토한 결과, 광고주 친화적인 콘텐츠 가이드라인 일부를 준수하지 않는 것으로 판단했다는 의미입니다. 노란색 아이콘은 잠겨 있는 상태이며 변경될 수 없습니다.

▲ 노란 딱지라고 불리는 광고 제한 또는 배제 아이콘 표시 규정

브이로그 채널

유튜브 카테고리 중 가장 운영이 어렵지만 누구나 하고 싶어하는 채널이 브이로그 채널입니다. 필자도 여러 카테고리 중 하나만 운영하라고 한다면 브이로그 채널을 운영하고 싶은 정도로 일상을 기록하고 편집하는 일은 즐겁습니다. 다만 브이로그 채널을 운영해서 잘되기는 상당히 어려운 일입니다. 나의 일상이 항상 영화처럼 즐거운 일만 생기는 것도 아니고, 별로 특별하지 않은 날도 많은데 이렇게 평범한 일상을 다른 시청자가 궁금해할 것인지 곰곰이 생각해봐야 합니다.

촬영 전 영상 전반의 흐름을 먼저 기획하라

브이로그 채널이라고 해도 어느 정도 기획을 해놓고 운영해야 합니다. 자연스러운 일상을 기록하는 것이 브이로그라 할지라도 촬영을 하기로 마음먹었다면 대략 오늘 어디를 가서 무엇을 먹고, 어떤 하루를 보낼 것인지 머릿속에 떠올릴 수 있을 것입니다. 그렇다면 그 장소에서 무엇을 찍고, 먹을 때는 어떤 영상을 찍어서 어떻게 마무리를 할 것인지 기획할 수 있어야 합니다. 영상만 많이 찍어둔다고 해서 편집할 때 없는 내용이나 상황이 만들어지는 것은 아니므로 이런 부분을 잘 고려해 영상을 기획하고 촬영해야 완결성 있는 영상을 만들 수 있습니다.

카메라를 들고 다니는 습관을 들여라

항상 카메라를 휴대하는 습관을 들여야 합니다. 언제 어떤 상황이 발생할지 모르므로 카메라를 휴대하는 습관은 좋은 영상을 얻을 수 있는 가장 좋은 방법입니다. 스마트폰으로 촬영하는 경우도 많지만 대부분의 브이로거는 좋은 영상미를 얻기 위해 카메라를 휴대하며 촬영합니다. 카메라를 가지고 다니는 습관이 중요합니다.

오디오 품질에 신경을 써라

촬영 시 오디오를 녹음해야 한다면 오디오 품질에 신경을 씁니다. 브이로그의 특성상 소음이 심한 외부 환경에서 촬영할 때가 많습니다. 스스로 카메라를 향해 말하는 상황이라면 카메라에 조금 더 가까이 다가가서 말하거나 마이크를 사용하는 것이 좋습니다.

녹음이 어려울 때는 자막과 내레이션을 활용하라

촬영할 때 말하기가 부담스러운 상황이라면 우선 촬영만 하고 편집

시에 내레이션을 넣어주는 것이 좋습니다. 주변에 사람이 많을 때 카메라를 향해 말까지 하기는 부담스러우므로 우선 촬영을 진행한 후 어떻게 상황을 설명할지 생각해보고 자막이나 내레이션 편집 때 보강하는 것입니다.

인서트 컷은 가능한 많이 찍어라

일어나는 상황보다 인서트 컷을 많이 찍어두는 것이 좋습니다. 예를 들어 식당에 가서 맛있는 음식을 먹는다면 식당에 들어가는 모습만 찍을 것이 아니라 식당의 외경이나 맛있게 차려져 나온 음식 등을 미리 촬영해두고 자칫 단조로울 수 있는 브이로그 영상을 풍성하게 꾸미는 것입니다. 인서트 컷은 방송에서도 본 촬영 외에 많은 시간을 들여 촬영하는 만큼 많으면 많을수록 볼거리가 가득한 브이로그 영상을 만들 수 있습니다.

배경음악을 잘 선택하라

좋은 배경음악을 사용해야 합니다. 브이로그에 어떤 음악을 사용하느냐에 따라 영상의 분위기는 완전히 달라집니다. 유튜브 라이브러리에서 좋은 음악을 많이 제공하지만 남들과 다른 음악을 사용하고 싶다면 유료 배경음악 제공 사이트에서 지원하는 음원을 사용해봅니다. 더 좋은 브이로그 영상을 만들 수 있습니다.

정보&지식 채널

요즘은 유튜브에서 정보를 많이 검색하므로 가진 정보와 지식이 많다면 가장 운영하기 좋은 채널이 정보&지식을 전달하는 채널입니다. 야외 촬영이 필요하지 않으므로 영상을 제작하는 시간이 다른 채널에 비해 적게 드는 경우가 많아서 인풋 대비 아웃풋도 좋은 편입니다.

정확한 정보와 지식을 전달하라

정보&지식 채널을 운영할 때는 전달하는 정보와 지식이 정확해야 합니다. 많은 유튜버가 유튜브 내에서 정보와 지식을 전달하며, 또 많은 시청자가 유튜브에서 정보와 지식을 찾습니다. 내가 전달하는 정보와 지식으로 인해서 피해를 보는 사람이 생길 수도 있기 때문에 정확한 내용을 전달하는 것은 필수이며, 다른 정보 전달 채널보다 경쟁력을 갖추기 위해서도 반드시 확실한 정보와 지식을 전달해야 합니다.

적절한 예시와 근거를 활용하라

정보&지식 채널에서는 적절한 예시와 근거를 사용해야 합니다. 지식과 정보가 아무리 많아도 그것을 뒷받침할 수 있는 근거나 예시가 없다면 시청자를 설득하거나 이해시키기 어렵습니다. 강의를 나가거나 누군가에게 무언가를 설명할 때도 예시를 들어주면 잘 이해하는 것을 볼 수 있습니다. 정보나 지식 전달 채널은 어려운 내용을 다루므로 시청자가 이해하기 쉬운 예시를 사용하고 신뢰감 형성에 도움을 줄 수 있는 정확한 근거를 첨부해야 합니다.

여행 채널

누군가의 꿈에 그리는 직업 중 하나가 여행 유튜버일 것입니다. 좋아하는 장소로 여행을 다니면서 영상을 찍고 유튜브 채널을 운영하면서 수익도 얻을 수 있는 직업이라고 생각하기 때문입니다. 하지만 평범한 사람이라면 고작 일 년에 몇 번, 혹은 한 달에 일정 기간의 시간을 내서 여행을 가기 마련입니다. 일 년에 한두 번 가는 해외여행에서 일 년 내내 업로드할 수 있는 여행 유튜브 영상의 분량을 뽑아내기도 쉽지 않습니다. 결국 전문적인 여행 유튜버가 되기 위해서는 여행 자체에 상당히 많은 시간을 투자해야 합니다. 시간의 제약 때문에 현업과 겸하기가 쉽지 않고, 하는 일을 그만두고 여행만 다니기에는 여행 중 사용 경비가 감당되지 않을 것입니다.

여행 영상을 촬영할 때 유의 사항

해외여행은 현지인과의 에피소드나 그 나라만의 특이한 문화를 소개하는 것이 좋은 반응을 얻는 편입니다. 시청자는 여행을 간접 체험하기를 원하기 때문에 직접 가서 볼 수 있는 관광지보다 최대한 현지 느낌을 보여줄 수 있는 곳을 다니면서 영상을 촬영합니다. 또한 해외여행의 특성상 장비를 많이 휴대하고 다니기 어렵기 때문에 최소한의 장비와 함께 백업과 저장 그리고 편집이 가능한 정도의 휴대성을 갖춘 장비를 마련하는 것이 좋습니다.

국내 여행은 여행 전에 정보를 얻기 위한 목적으로 영상을 찾아보는 시청자가 많으므로 관광지를 소개하거나 '경주. 꼭 가봐야 할 곳 TOP 5'처럼 정보를 모아서 보여주는 형태로 영상을 구성하는 것도 좋습니다.

▶ 찾아보기

▶ 찾아보기